潜水本科专业系列教材

自由潜水

陶旼　袁东　刘帅◎主编

人民体育出版社

图书在版编目（CIP）数据

自由潜水 / 陶旼，袁东，刘帅主编. -- 北京 : 人民体育出版社，2023 （2025.11重印）

ISBN 978-7-5009-6331-8

Ⅰ. ①自… Ⅱ. ①陶… ②袁… ③刘… Ⅲ. ①潜水运动 Ⅳ. ①G861.5

中国国家版本馆CIP数据核字(2023)第116674号

自由潜水

陶　旼　袁　东　刘　帅　主编

出版发行：人民体育出版社

印　　装：北京盛通印刷股份有限公司

开　本：710 × 1000　16开本　　印　张：12.25　　字　数：220千字

版　次：2023年9月第1版　　印　次：2025年11月第2次印刷

书　号：ISBN 978-7-5009-6331-8

定　价：55.00元

联系电话：（010）67151482

社　　址：北京市东城区体育馆路8号（100061）

网　　址：https://books.sports.cn/

编委会

主　编：陶　旼　袁　东　刘　帅

副主编：陈海雄　董凡创

审　核：孙忠利　朱晓娜

审　定：文　野

前言 FOREWORD

自由潜水亦称屏气潜水，指的是人们不借助任何水下呼吸装置，仅依靠屏气能力进行潜水活动的体育运动项目。作为一项新兴运动项目，近年来，自由潜水日益受到人们的追捧，尤其深受潜水爱好者的欢迎，其流行、时尚等特质也愈趋明显。虽然人类深受自身生理条件的客观限制，但是基于各种需要，特别是对于单凭一口气便能纵享在水下自由活动的向往与追求，于是自由潜水便成为人类追求自由、摆脱束缚、挑战自我的上佳选择，这显然是其他很多潜水方式难以比拟的。

自2013年9月岭南师范学院潜水本科专业正式创立之日起，我们就不断研讨、论证和完善潜水本科专业的课程设置。随着潜水本科办学的不断发展，“自由潜水”成为潜水本科专业教学职业教育板块中的重要必修课程。鉴于教学的需要，我们认真编写了“自由潜水”课程的大纲和讲义。经过几年来的教学实践，基于潜水本科办学和专业建设的客观要求，我们进一步对原有大纲和讲义不断进行修改、补充和完善，最终《自由潜水》作为“潜水本科专业系列教材”中的核心教材之一得以正式出版。

本书按照循序渐进、由基础到专业的原则，首先从自由潜水的起源与发展、自由潜水的活动与分类两方面梳理了自由潜水概述性内容，进而在系统介绍自由潜水相关理论知识的基础上，重点对自由潜水装备、自由潜水机能调控技巧和自由潜水基本技术进行了较全面的归纳和较详尽的阐述，最后介绍了自由潜水风险及防范方面的意识和相关制度，以及环境保护方面的有关理念和基本知识。

潜水本科专业学生系统学习、实践本书内容，既可了解自由潜水的发展历史及现状，又能掌握相关理论知识，习得实践所需的基本技术、技巧，养成风险防范和环境保护意识，为成为一名理论知识扎实、实践技能熟练的自由潜水员，进而为成为一名具备合格教学能力的自由潜水教练员奠定坚实基础。

本书的编撰工作除主编、副主编参与外，岭南师范学院副教授孙忠利、副教授朱晓娜对本书进行了审核，岭南师范学院教授文野对本书的框架结构和文字内容做了大量的修改和完善，并进行了最终审定。深圳市深蓝影业传媒有限公司总经理、著名潜水摄影师谢飞为本书提供了封面和封底的自由潜水照片。岭南师范学院 2021 届潜水本科专业毕业生朱晨担任了本书技术动作示范运动员，并对照片进行了必要的后期处理。

本书在编写过程中，得到了岭南师范学院原党委书记刘明贵教授、岭南师范学院党委书记兰艳泽教授、岭南师范学院院长阳爱民教授、岭南师范学院副院长金义富教授、岭南师范学院体育科学学院原院长章晓霜教授、岭南师范学院体育科学学院院长王海涛教授等学校、学院领导的关心、支持与推进，在此表示由衷的感谢。

本书的出版，还得到广东省潜水协会的大力支持，并构成广东省潜水协会潜水运动发展研究中心的研究成果之一。本书的出版，对广东省潜水协会工作的开展和广东潜水运动的进一步发展也定会大有裨益。

本书在撰写过程中参阅了大量国内外相关书籍与资料，借鉴和参考了相关的研究成果，在此对相关作者表示感谢。尤其要对 BESTDIVE（潜好）和 CRESSI（科越思）两家企业对本书编撰工作的大力支持表示衷心的感谢。

编者水平有限，书中纰漏、不足和欠缺之处难免，敬请广大读者不吝赐教并批评指正。

编　者

2023 年 7 月

目　录 CONTENTS

CHAPTER 01 <<< 第一章

自由潜水概述

在人的生理活动现象中，人们通常将抑制呼吸即主动将呼吸暂停的情形称为屏气或闭气。在水上运动中，屏气不仅指人主动地暂停呼吸，还意味着要将呼吸道没入水下。所谓“自由潜水”通常是指以屏气方式进行的潜水活动。因此，在潜水运动中，“屏气”和“自由潜水”这两个概念大多数情况下可以互换使用，但是，通常“自由潜水”这一概念更多用于开放水域的潜水活动。常见的以自由潜水技能为基础开展的潜水活动可以分为娱乐性潜水活动和竞技性潜水活动两种。前者包括水下观光、水下摄影和非竞技性水下狩猎等，后者包括所有的屏气竞赛项目，以及水下橄榄球、水下曲棍球、水下射击、竞技性水下狩猎、屏气蹼泳和花样游泳等。

第一节　自由潜水的起源与发展

在古代，人们为获取水下资源，如食物、海绵、珍珠，打捞沉没的贵重物品等，以及为了实现某种军事目的，在没有潜水装备帮助的情况下，经常采用屏气潜水方式来进行这些水下活动，这些因人类生产生活和军事的需要而自然形成的屏气潜水活动，即为今天自由潜水的雏形，甚至可视其为自由潜水的起源。

一、古代的自由潜水活动

关于古代的潜水活动，可从相关的历史资料中发现人们因生产、生活及军事等方面的需要所进行的潜水活动记载。尽管当时人们为了进行潜水活动发明并运用了一些辅助潜水装备，但这些潜水活动在本质上仍属于屏气潜水。显然，古代的潜水员同样会面临今天我们在自由潜水中遇到的问题，例如由于长时间的屏气所导致的昏迷，但是由于当时人们还没有掌握相关的潜水理论知识，更没有有效的应对措施，所以在古代，屏气潜水活动可能是致命的。

（一）国外自由潜水活动简史

国外的自由潜水活动可以追溯到古希腊时期，据古希腊哲学家柏拉图和诗人荷马的记录，在古希腊时期就有很多人进行屏气潜水活动，但他们进行屏气潜水的主要出于生计需要，即潜入海底采集天然海绵（水生无脊椎动物）（图 1–1）去市场贩卖。希腊的卡利姆诺斯岛是当时从事采集海绵工作的潜水者的聚集地，潜水者使用被称作“skandalopetra”的重达 15 千克的石头（图 1–2），协助其迅速“坠入”海底；待潜水者需要呼吸时，船上的同伴再将其用绳子拉回水面。经过长期的锻炼，潜水者运用这种方法一次下潜深度可以达到 30 米，屏气时间长达 5 分钟，如此反复下潜以收集海绵。

图 1–1　采集海绵的工作场景

图 1–2　用于采集海绵的石头（skandalopetra）

当然，海绵并不是唯一在海底发现的有价值的东西，红珊瑚、各种珍奇的贝壳、珍珠及鱼类等也相当受欢迎。这样就促使更多的人从事各种形式的潜水活动，也包括从沉没的船只上打捞财宝。

采用此种方式潜水最有名的传奇人物便是意大利人查奇斯塔西斯（Chatzistathis）。1913 年意大利海军的“玛格丽特女王号”（Queen Margaret）因船锚丢失在海底，悬赏将其寻回。当时查奇斯塔西斯 35 岁，身高只有 170 厘米，体重仅 65 公斤，他平时大量地吸食烟草，患有严重的肺气肿病，并且一只耳朵骨膜穿孔，另一只耳朵骨膜消失。但是他却在当年 7 月 16 日一口气从约 88 米水深的地方将丢失的船锚寻回，水下屏气时间长达 3 分钟。事后，他获得的奖赏是相当于 5 英镑的奖金和使用炸药捕鱼的权利。

古代地中海地区大量的海上贸易活动，也间接地推动了屏气潜水活动的发展。当时，在地中海上来往着大量从事海上贸易活动的船只，遇到极端天气，特别是在有猛烈风暴的冬季，时常发生船只沉没事故。所以，潜水员常常被雇来打捞任何他们可以从海底沉船上发现的有价值物品。在当时，潜水是一项极具冒险性的工作，潜水员在打捞过程中往往会面临许多危险，因此，当时的法律（如罗得海法）规定，潜水员可以根据下潜深度按比例地获得从沉船上打捞的物品：当潜水深度超过 15 米时，潜水员可以获得三分之一的打捞物品价值；而当潜水深度超过 27 米时，潜水员将收取一半的打捞物品价值。在丰硕收获的诱惑下，尽管当时屏气潜水打捞危险重重，甚至有可能因此而丢掉性命，但仍然有大量的潜水员甘愿为此冒险。

此外，在古代的战争中也有大量潜水员的身影。海战时，军队为了增加海上防御，常常建造水下障碍以击沉敌船。所以，敌方潜水员常常偷偷潜入海底探察海底地形，或者寻找可以接近港口的航道，一旦潜水员发现这些障碍，他们就会尽可能地将其破坏。在古希腊伯罗奔尼撒战争期间，潜水员还会摆脱敌人的封锁向被包围的盟国部队输送供给和传递信息。除此之外，古代的这些“蛙人”，也经常在敌人的船体上钻孔或切割锚绳等。

“海女”也是古代屏气潜水的典型代表。公元前 434 年开始，就有韩国“海女”潜入海下采捞珍珠的历史记录，日本亦有关于“海女”的相关记载。直到当今，还有大量的韩国“海女”仍采取屏气的方式从事潜水采捞工作（图 1–3）。在古代韩国，之所以女性从事潜水采捞工作的数量大大高于男性，主要有三个方面的原因：第一，古代韩国政府对男性潜水采捞者的税收很重；第二，17 世纪至 18 世纪期间，战争或深海捕鱼事故造成了大量男性死亡，女性只好从事更多的相关劳动；第三，从生理角度来说，女性比男性有更多的皮下脂肪，在潜水时更加耐寒。

图 1–3　韩国的“海女”

（二）中国自由潜水活动简史

我国早在两千多年以前就有许多描述人们进行潜水活动的历史记载，例如，在《史记·秦始皇本纪》中就记述了公元前 219 年，“始皇还，过彭城，斋戒祷祠，欲出周鼎泗水，使千人没水求之”的描述，是对当时人们进行大规模潜水打捞的真实记录。

在明代宋应星编著的《天工开物》中，对当时人们潜入水下采珠有非常详细、具体的描述：“蜑户采珠，每岁必以三月时，牲杀祭海神，及其虔敬，蜑户生啖海腥，入水能视水色，知蛟龙所在，则不敢侵犯。……舟中以长绳系没人腰，携篮没水，凡没人以锡造弯环空管，其本缺处对淹没人口鼻，令舒透呼吸于中，别以熟皮包络耳项之际。极深者，至四五百尺，拾蚌篮中。气逼则撼绳，其上急提引上，无命者或葬鱼腹。凡没人出水，煮热毳急覆之，缓则寒栗死。”。这些描述直观、生动地展现了当时人们潜入水下采集珍珠（图 1–4）的场景，在水深较浅时，采珠人可以利用呼吸管进行水下呼吸；水深较深时，采珠人只能采用屏气潜水的方式沉入海底捞取珍珠贝，直到屏不住气时，采珠人就摇动系在腰间的绳子，告知船上的人赶快用绳子将其拉上船来。这跟上述古希腊人潜入海底采集海绵可谓异曲同工。

图 1-4　中国古代的水下采珠

在《天工开物》中还有关于我国古时妇女没入水中捞取玉石的记载:“……故国人沿河取玉者多于秋间明月夜，望河候视。……白玉河流向东海，绿玉河流向西北，亦力把力地，其地有名望野者，河水多聚玉，其俗以女人赤身没水而取者，云阴气相召，则玉留不逝，易于捞取，此或夷人之愚也。”由此证明，如同韩国、日本和世界其他很多地区均有“海女”采珠一样，我国古时妇女潜入水下取物的历史也由来已久。

二、现代自由潜水的发展

纵观古代国内外的各种潜水活动，由于科学知识和相应技术手段相对落后，无论是为了生产、生活还是军事活动需要而进行的潜水活动，都只是简单易行的屏气潜水，其潜水时间和潜水深度极其有限。但也正是古代这些逐渐形成的屏气潜水活动，为现代自由潜水活动奠定了坚实的基础，构成了现代自由潜水的雏形和起源。

随着科学技术的不断发展，潜水被越来越多地应用于国民生产各个领域，成为一项重要的人类生产活动。此外，随着人们生活水平的不断改善，潜水已不仅是一项生产活动，而且逐渐发展为满足人们精神生活的体育运动。在人类崇尚自由、回归自然的天性和本能的驱使下，作为生活和生产服务的简单易行的原始屏气潜水活动也逐步演变为充满刺激、以满足人们精神需求的现代自由潜水运动。这项运动在近年来得到了迅速发展和广泛普及。

（一）现代自由潜水活动

屏气潜水活动发展为体育运动后，因相对于水肺潜水运动来说，摆脱了烦琐、沉重的水下呼吸装置的束缚，人们可以“随时随地”、更加自由地享受水下活动。因此，人们也将屏气潜水称为自由潜水。

随着人类社会的不断进步，屏气潜水逐渐被借助高科技潜水装备的潜水方式所取代。自由潜水这项活动需要重新寻找其存在价值，就像骑马、射箭一样，源于人类的原始需求，如今已转变成娱乐休闲和竞技需求项目，人类从事自由潜水活动也从原始的生存寻求，逐渐转变为娱乐和竞技需求。人们逐渐将屏气下潜深度、屏气时间长短、水下屏气游动距离等体育竞赛概念引入自由潜水活动中，现代竞技自由潜水运动由此产生。同时，相伴而来的还有水下渔猎、水下曲棍球、水下橄榄球、水下摔跤等各种水下竞技体育项目。因此，有必要进一步明确，现代自由潜水活动主要指的是潜水员不借助任何水下呼吸装置，仅依靠其屏气能力进行潜水活动的体育运动项目。

目前，自由潜水运动受到越来越多的人喜爱，究其原因主要有两个方面。一方面，由于人类的基因中就有屏住一口气潜入水下的内生需求，这种凭借一口气在水下自由自在地活动的乐趣，是其他潜水方式不可比拟的。另一方面，由于水下摄影装备的日新月异，美丽的水下自由潜水活动照片曝光度大大增加，充分满足了人类的“自重”和“审美”需求。另外，竞技自由潜水比赛也得以蓬勃开展。比赛中，选手们仅凭借“一口气”，以求下潜更深、屏气更久或游动最远的极限性挑战，这种挑战吸引了众多酷爱自由潜水的高手一试身手。

（二）国际自由潜水组织简介

潜水运动经过多年的发展，如今已经成为深受广大潜水运动爱好者欢迎的群众性体育运动。在潜水运动普及发展的过程中，由于其具有很强的技术性、安全性及商业价值，因此众多潜水运动教学培训和技术等级认证的潜水组织纷纷成立，而这些组织在运营过程中又促进了潜水运动的快速发展。以往国际上绝大多数潜水运动组织都是因水肺潜水而兴起和发展的，其教学培训体系以水肺潜水为主。但近年来在自由潜水运动迅猛发展和广泛普及形势的推动下，许多世界大型国际性潜水运动组织都相继推出了自由潜水教学培训和认证系统，一些专门从事自由潜水运动教学培训和技术认证工作的国际性潜水组织也应运而生。

目前世界上有近百个潜水运动组织，其运营规模、行业影响力和知名度有很大的差异，在此我们仅介绍一些规模较大、在世界上的影响力和知名度较高的大型国际性潜水运动组织。

1. 世界潜水联合会（CMAS）

世界潜水联合会的缩写是“CMAS”，源自法语 Confdration Mondiale des Activits Subaquatiques 的缩写，英文名称为 Word Underwater Federation。CMAS 成立于 1959 年 1 月 10 日，是世界上唯一非营利性的国际性水下活动组织，也是国际奥委会认可的官方国际潜水联合会，世界性的和区域性的水下运动锦标赛、冠军赛等体育赛事均由 CMAS 负责组织与管理。目前，已有来自 5 大洲的 130 多个国家和地区成为 CMAS 会员。CMAS 除了组织各种国际性水下运动赛事外，在潜水培训及水下科学研究与发展方面也处于国际领先水平，是最早制定并推行潜水教学培训和技术等级考核标准的国际潜水组织。直到现在，很多潜水组织的潜水培训系统都与 CMAS 存在着密不可分的关系。

由于世界潜水联合会是国际奥委会唯一认可的潜水运动单项体育组织，因此所有开展潜水运动的国家和地区都是其成员。此外，除了国际奥委会外，世界潜水联合会还有众多的合作伙伴，包括联合国教科文组织、世界反兴奋剂机构、世界体育总会、国际世界运动会协会、国际大学生体育联合会、国际体育运动联合会等。

世界潜水联合会的成立为来自不同国家、具有不同文化背景的人们在潜水领域中的相互理解及和谐相处创造了条件，为全世界从事潜水运动事业的国家和地区、相关组织机构和个人，在潜水技术层面提供了一个便利的交流平台，对推动全世界潜水运动的发展和普及起着至关重要的作用。CMAS 不断发展，其初衷、使命与目标一直没有改变，即使用一切适当方式，促进、鼓励人们参与水下活动，了解及保护水下世界，CMAS 潜水教育的理念也始终如一，即教育让潜水更加安全。

作为世界潜水联合会的一个重要潜水教学训练分支，CMAS 自由潜水教育培训系统具有完善的教学大纲和严格的考核标准，学员参加该系统相应的学习，并通过考核后，可以分别获得 CMAS 休闲自由潜水员、竞技自由潜水员、自由潜水教练员或自由潜水裁判员四种不同类型的自由潜水等级证书（图 1–5）。

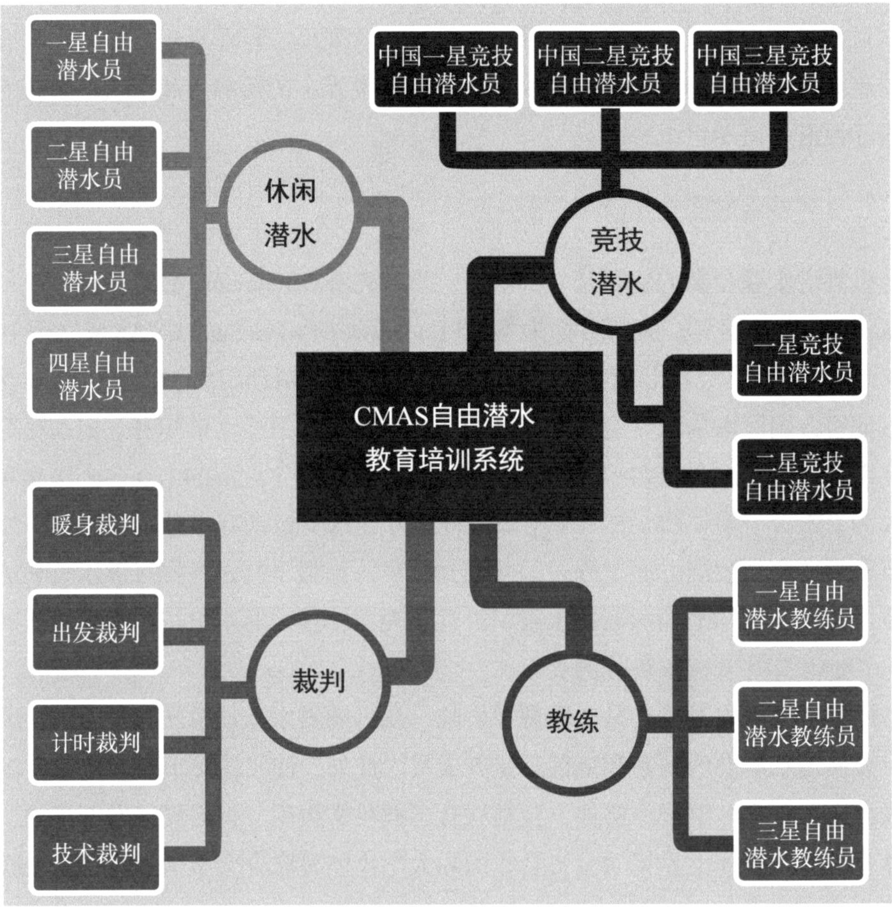

图 1–5 CMAS 自由潜水教育培训系统示意图

2. 国际自由潜水发展协会（AIDA）

国际自由潜水发展协会的缩写是 AIDA，源自英语 International Association for Development of Apnea 。AIDA 成立于 1992 年，是一个致力于自由潜水推广与发展的专业自由潜水协会。在 AIDA 的工作中，很重要的一部分是推广安全的自由潜水理念，向全世界宣传自由潜水是安全的、有趣的和富于挑战性的，并且可以激发自己内心世界的美妙感受。同时，AIDA 的自由潜水教学训练内容也包括关于自由潜水内心的安静与感知、技巧的练习和有效的训练，以及人与人之间的互助和团队协作。目前，AIDA 已经成长为一个在自由潜水领域具有较大影响力的国际潜水组织，不仅开展自由潜水教学培训，同时还举办自由潜水赛事并认证自由潜水世界纪录，是国际自由潜水竞赛和规则制定的组织者。目前世界上许多竞技自由潜水运动员都是 AIDA 会员。

AIDA 是一个不以营利为目的的潜水组织，几乎所有的教学培训和认证收入都用于对自由潜水运动的研究与推动。AIDA 经常会根据研究结果改进自由潜水教学培训系统，以及修订相关规则。同时，AIDA 的自由潜水教学培训系统还包括专业竞技自由潜水比赛方面的内容，喜欢竞技的自由潜水爱好者通过培训，达到一定等级者可参加 AIDA 组织的国际竞技自由潜水比赛，挑战个人极限，享受竞技带来的突破自我的愉悦的同时，还有机会获得比赛的胜利。

经过多年来的发展，AIDA 目前已拥有日益完备的自由潜水教学训练体系，其技术等级分为 1~4 星，共 4 个等级，分别是自由潜水员和泳池自由潜教练员、自由潜教练员、大师级自由潜教练员和自由潜教练训练官，其各技术等级均有相应的培训教材和考核标准，学员通过学习、训练，经考核合格后，可以获得相应的 AIDA 自由潜水技术等级证书。

3. 国际水肺潜水学校（SSI）

国际水肺潜水学校的缩写是 SSI，源自英语 Scuba Schools International。SSI 创建于 1970 年，是由几个对潜水充满激情的潜水员创立的，他们的梦想是让所有人都能学习潜水。自创建以来，SSI 始终致力于潜水技术标准的制定、潜水培训教材的开发、潜水教学训练和潜水技术等级资格认证等方面的工作，是个名副其实的潜水教学组织。SSI 还注重与国际行业标准组织的合作，推动潜水培训教学的国际标准认证工作，保证潜水培训教学的专业性和权威性。

经过多年的不懈努力，如今 SSI 已经在全世界超过 110 个国家和地区开展潜水培训教学业务，在全球设立了 50 个国际办公室，拥有超过 3100 个 SSI 潜水中心和潜水度假村，可以提供 38 种不同语言的潜水培训教材。至今，SSI 已经发展成为世界上最大的潜水组织之一。

虽然其名称是国际水肺潜水学校，但 SSI 是最早开展自由潜水教学培训工作的大型国际潜水组织。SSI 的自由潜水培训教学系统更侧重于休闲自由潜水的教学和训练，让广大潜水爱好者享受自由潜水的乐趣。为此，SSI 非常注重对自由潜水教学、培训和训练的研发，在研究制订教学和考核标准的基础上，不断改进自由潜水教学方法，完善自由潜水培训教材，以及多媒体集合化的电子教材、便捷的认证系统和线上学习功能。

在 SSI 的自由潜水培训教学系统中，其自由潜水员的技术等级包括基础自由潜水员、泳池自由潜水员和一至三级自由潜水员共 5 个等级；自由潜水教练员的技术等级包括一至三级自由潜教练员、专长自由潜教练员和自由潜教练训练官共 5 个等级。各个技术等级均有完善的培训教材和考核标准，同时还可提供便于学员在线上学习的多媒体电子教材，学员进行教学培训、技术训练并考核合格后，可以获得相应的 SSI 自由潜水技术等级证书。为了提高签发技术等级证书的便利性和快速性，SSI 还为教练员提供了便捷的网上认证系统。

4. 潜水教练专业协会（PADI）

潜水教练专业协会的缩写是 PADI，源自英语 Professional Association of Diving Instructors。PADI 创建于 1966 年，从创立之初起，PADI 就秉承大力发展潜水教学培训的原则，设计了一套完整的潜水教学系统，并在此基础上开发出全面系统的潜水培训教材、标准规范的教学方法，以及科学严谨的考核标准。从某种意义上讲，正是 PADI 在全世界大力推广和发展潜水教学培训的理念，才为全世界更多的潜水爱好者提供了更便利地学习、掌握休闲潜水运动技能的机会和条件，使休闲潜水运动得以在全世界快速地兴盛起来。应该说，PADI 为全世界休闲潜水运动的普及和发展做出了重要贡献。

目前，PADI 已经成为全世界最大的潜水教学培训组织，在世界各地拥有 25 000 多名潜水教练员和 135 000 多名 PADI 专业人士，在全球多个国家设有 PADI 办事处，可以提供各种不同语言的潜水培训教材，并在全球拥有 6 000 多家 PADI 潜水中心和潜水度假村，每年签发超过 500 000 张潜水技术等级证书。

虽然 PADI 很早就是全世界最大的潜水教学培训组织，但由于长期致力于推广和发展水肺潜水，未对近年来自由潜水运动的快速崛起和广泛普及产生足够的重视，所以直到 2015 年，PADI 才顺应自由潜水运动的迅速发展的形势，推出了自己的自由潜水教学培训系统，开发了 PADI 自由潜水培训教材，制定了相应的教学和考核标准。虽然PADI的自由潜水教学培训起步较晚，但近年来凭借其自身强大的潜水教学培训推广能力和遍布全球的教学培训网点，很快就使自由潜水教学、培训工作在全球范围推广开来。

PADI的自由潜水教学培训系统包括基础自由潜水员、自由潜水员、进阶自由潜水员和名仕自由潜水员4个自由潜水员技术等级，以及自由潜教练员、进阶自由潜教练员、名仕自由潜教练员和自由潜教练训练官4个自由潜教练员技术等级。各个技术等级均有完善的培训教材和便于学员学习的电子教材，学员通过相应的教学培训和技术训练后，需经过严格的考核标准进行考核，合格者可以获得相应的PADI自由潜水技术等级证书。与PADI的水肺潜水教学培训系统一样，PADI也为自由潜教练员提供了便捷的网上签证系统。

第二节　现代自由潜水活动与分类

相对于水肺潜水，自由潜水在水下活动的时间非常有限，但凭借着快迅随意地潜入水下和在水下活动自由的优势，以及给人们带来的挑战性和刺激性等特点，受到了许多潜水爱好者的青睐，并逐步发展成为拥有众多运动方式和竞技比赛项目的运动。因此，现代意义上的自由潜水活动已不仅仅是狭义上的屏气潜水，而是由各种休闲娱乐和竞赛活动组成的自由潜水运动项目群。从活动的目的上区分，现代自由潜水活动可分为休闲类自由潜水活动和竞技类自由潜水活动两大类别。

一、休闲类自由潜水活动的开展

屏气潜水从人类的生产活动需要发展成为现代自由潜水运动后，最初只是一种满足人们精神享受的休闲活动。换言之，早期的现代自由潜水运动主要是以放松娱乐为目的的休闲运动。随着自由潜水运动形式逐步向多样化方向发展，在人类竞争和好胜天性的驱使下，休闲自由潜水运动也出现了一些建立在娱乐基础上的竞赛性运动，休闲类自由潜水运动被进一步细分为单纯休闲类自由潜水活动和娱乐竞赛性休闲自由潜水活动。

（一）单纯休闲类自由潜水活动

屏气潜水发展成为满足人们精神享受的自由潜水运动后，这种轻松随意地潜入水下的休闲活动对于水下曲棍球、水下橄榄球、水下摔跤、水下狩猎、水下射击、水下摄影等一系列休闲自由潜水活动的发展起到了促进作用。人们将单纯休闲类自由潜水活动定义为以休闲娱乐的方式达到放松身心和强身健体目的的屏气潜水活动。

单纯休闲类自由潜水活动可以给人带来轻松、自由和释放的独特体验，在水下环境中自由遨游的美妙感受，可以使人彻底地放松身心，精神愉悦的同时，也达到了运动锻炼的目的。从某种程度上讲，单纯休闲类自由潜水活动可以看作一次个人精神上的旅行，对改善人的精神面貌具有积极作用。有许多休闲自由潜水者还将瑜伽引入其中，用以提高自身的专注力和呼吸控制能力，使自己更加放松并延长屏气时间，让整体自由潜水活动表现得更加优异。

尽管单纯休闲类自由潜水是轻松随意的潜水活动，但其特点是以屏气潜水为基础，因此适当的自由潜水训练和监督也是必要的。如果没有适当的培训和监督，单纯休闲类自由潜水活动也可能会发生危险，甚至造成人员伤亡，这也正是世界各个潜水组织都在不断创建并完善自己系统的自由潜水培训大纲、标准和课程的原因。事实上，这些培训教学和监督标准的内容都是基于世界各地、广受认可的自由潜水教练员和运动员长期实践的宝贵经验，其目的是最大限度地提高参与休闲自由潜水活动人员的安全性和舒适度。

（二）娱乐竞赛性休闲自由潜水活动

在休闲自由潜水活动发展的过程中，人们为了增加其趣味性、刺激性和娱乐性，在各种单纯休闲类自由潜水活动的基础之上，引入了各种竞赛性活动，从而发展为各种娱乐竞赛性休闲自由潜水活动。娱乐竞赛性休闲自由潜水活动可被定义为以屏气潜水为基础，用娱乐竞赛性的方式达到放松身心和强身健体目的的潜水活动。

虽然娱乐竞赛性休闲自由潜水活动具有体育竞赛和竞争的要素，但是，这些活动的目的主要是增加休闲自由潜水活动的趣味性、刺激性和娱乐性，使各种休闲自由潜水活动更具吸引力，而不是为了挑战极限、争取竞赛和竞争意义上的优胜。因此，娱乐竞赛性休闲自由潜水活动深受广大自由潜水爱好者的喜爱。近年来，这项活动在世界各地得到广泛开展，一些国家、国际潜水组织或自由潜水爱好者也相继举办了许多正式或自发的比赛活动，推动了休闲自由潜水活动的发展，使更多的人有机会参与自由潜水活动。

目前，娱乐竞赛性休闲自由潜水活动主要包括：水下曲棍球（图 1–6）、水下摔跤（图 1–7）、水下橄榄球（图 1–8）、水下狩猎（图 1–9）等项目。我国近年来也有一些潜水俱乐部或自由潜水爱好者自发地举办了国内或国际性水下曲棍球邀请赛，这些比赛吸引了许多潜水爱好者积极参与，受到了休闲运动领域的密切关注。从 2019 年开始，中国潜水运动协会已将水下曲棍球列为全国潜水锦标赛的正式比赛项目。

图 1–6　水下曲棍球（引用自 CMAS 官方网站）

图 1–7　水下摔跤（引用自 CMAS 官方网站）

图 1–8　水下橄榄球（引用自 CMAS 官方网站）

图 1–9　水下狩猎（引用自 CMAS 官方网站）

二、竞技类自由潜水与比赛

屏气潜水发展成为自由潜水运动之后，体育运动的竞赛理念自然而然地被贯穿于其中，随之而来的是为争取优异运动成绩的体育竞赛性质的自由潜水活动，并且在众多自由潜水爱好者挑战自我极限、创造自由潜水纪录精神的推动下，为了追求更长的屏气时间或更深的下潜距离，竞技性的自由潜水运动比赛项目日益丰富。因此，竞技类自由潜水可以被定义为运用体育竞赛形式争取最好成绩、挑战和创造纪录的自由潜水运动。

竞技类自由潜水比赛项目根据竞赛和挑战的目的，可以分为静态屏气类、动态屏气类和深度下潜类 3 种。静态屏气类竞赛项目是以运动员在水下屏气时间的长短来决定比赛的成绩；动态屏气类竞赛项目是以运动员屏气水平游动距离的远近或屏气水平游动规定距离的时间长短来决定比赛的成绩；深度下潜类竞赛项目是以运动员屏气下潜的深度决定比赛的成绩。这三大类竞技自由潜水竞赛项目均有多种方式的比赛项目，并分为男子和女子比赛，分别设置男、女比赛成绩和纪录。

（一）静态屏气（Static Apnea）

静态屏气（图 1-10）是指运动员将脸部没入水中屏住呼吸，并保持身体静止不动，最终以屏气时间的长短来决定比赛成绩的竞赛项目。为确保比赛的安全，比赛前运动员要预先向裁判申报自己的最少屏气时间，并在比赛中努力达到最少屏气时间，当然，最好是能够超越最少屏气时间。在比赛过程中，裁判员将全程密切监督运动员的状态，并根据运动员预报的最少屏气时间提醒运动员，若发现运动员状态不正常时，裁判员可随时终止比赛，以确保运动员的安全。

图 1-10　静态屏气

（二）动态屏气（Dynamic Apnea）

动态屏气是指运动员将身体没入水中，屏住呼吸在水下游动，最终以游动的水平距离或屏气水平游动规定距离的时间来决定比赛成绩的竞赛项目。动态屏气比赛项目可以在泳池或者开放水域进行，并分为动态无蹼和动态有蹼两种类型，其中动态有蹼又进一步分为单蹼和双蹼，指的是运动员穿着单蹼或双蹼进行动态有蹼比赛。虽然动态屏气比赛也可以在开放水域进行，但为了能够更准确地判定运动员屏气游动的距离，大多数动态屏气比赛只在泳池进行，要求比赛泳池的长度最少为 25m。

1. 动态无蹼（Dynamic Without Fins）

动态无蹼（图 1–11）是指运动员不穿脚蹼，依靠自身划手及蹬腿产生动力推动身体在水下游动。

图 1–11　动态无蹼

在比赛中，运动员在水下游动时通常会采用“蛙泳水下长划臂”的技术游进，运用“蛙泳水下长划臂”技术可以产生较强的推进力，并且该技术对体能的消耗相对较少，所以被运动员广泛采用。“蛙泳水下长划臂”动作可分为外划、内划、后划和前伸 4 部分；其腿部动作与蛙泳腿相同，分为收腿、翻脚、蹬夹腿和滑行 4 部分。

2. 动态有蹼（Dynamic With Fins）

动态有蹼（图 1–12）项目要求运动员肌肉发力带动脚蹼而产生动力推动身体在水下游动，运动员不可划手及使用任何外部机械动力或其他推进装备，即使外部机械动力是由肌肉触发的也不可以。动态有蹼比赛又分为单蹼和双蹼两种项目。当运动员使用单蹼进行动态有蹼比赛时，一般采用双手前伸夹紧，保持流线型以减小阻力，双腿以“海豚腿”的方式游进；当运动员使用双蹼进行动态有蹼比赛时，要求运动员除了在出发或者转身后 3m 距离内可以使用双腿同时踢动的“海豚式”踢法游动外，在其他游动过程中要始终保持双蹼交替踢动的动作游动。

a. 单蹼　　　　b. 双蹼

图 1–12 动态有蹼

3. 竞速 / 耐力屏气（Speed/Endurance Apnea）

竞速 / 耐力屏气是指运动员将身体没入水下，屏住呼吸在水下游完规定的距离，最终以游完规定距离的时间来决定比赛成绩的竞赛项目。竞速 / 耐力屏气比赛在泳池进行，以泳池的长度为单位转身折返游动，直到游完规定的距离。在比赛过程中，运动员可以在泳池的尽头转身折返时将脸部露出水面调整呼吸。竞速 / 耐力屏气比赛规定运动员必须使用脚蹼比赛，也是分为单蹼和双蹼比赛。运动员在游动时，必须以运动员的肌肉发力带动脚蹼产生动力，不可使用任何外部机械动力，即使外部机械动力是由肌肉触发的也不可以。当运动员使用双蹼进行竞速 / 耐力屏气比赛时，要求运动员除在出发或者转身后 3m 距离范围内可以使用双腿同时踢动的“海豚式”踢法游动外，在其他游动过程中要始终保持双蹼交替踢动。速度 / 耐力屏气比赛的距离通常是竞速屏气 2 × 50m；耐力屏气 8 × 50m 和 16 × 50m。

4. 水下屏气绕圈（Jump Blue Apnea）

水下屏气绕圈是指运动员屏住呼吸潜入水深 10m 处，围绕一个边长为 15m 的正方形绕圈游动，最终以游动距离的远近来决定比赛成绩的竞赛项目。水下屏气绕圈比赛在开放水域进行（海洋或湖泊），要求运动员必须使用脚蹼（单蹼或者双蹼）。游动时，同样要求以运动员的肌肉发力带动脚蹼产生动力，不可使用任何外部机械动力，即使外部机械动力是由肌肉触发的也不可以。

（三）深度下潜

深度下潜类的自由潜水比赛项目，是以运动员下潜的深度决定比赛成绩的，运动员的屏气时间与比赛成绩无关。一般来说，运动员下潜的深度越深，其屏气的时间也就越长。由于深度下潜类的自由潜水比赛场地要求为很深的水域，因此这类比赛通常是在较深的开放水域（海洋或者湖泊）进行。

深度下潜自由潜水比赛具有很强的挑战性，每次下潜都是对运动员自身极限的严峻考验。因此，深度下潜比赛存在较大的安全隐患，这就要求深度下潜类的比赛要有严谨、规范的组织系统，完善的安全防范措施，甚至要有能够快速响应的救援和急救方案和专业人员。此外，参加深度下潜自由潜水比赛的运动员必须经过专业的系统训练，具有把握自身身体状态和管控比赛风险的能力。虽然深度下潜自由潜水比赛因其较强的挑战性和刺激性而深受许多自由潜水爱好者的喜爱，但要广泛普及很困难。事实上，只有极少数运动员能够参加深度下潜自由潜水比赛。目前比较常见和受欢迎的深度下潜类的自由潜水比赛项目主要有以下几种。

1. 恒重屏气（Constant Weight Apnea）

恒重屏气项目要求运动员携带一定的配重屏住呼吸沿导潜绳垂直下潜，达到预先申报的深度后再沿导潜绳上升回水面，整个过程不得改变配重的重量，以运动员下潜的深度决定比赛的成绩。在比赛过程中，运动员不得借助牵拉导潜绳的力量帮助下潜和上升，导潜绳在比赛中只起到导向作用。恒重屏气分为恒重无蹼和恒重有蹼两种类型，恒重有蹼又进一步分为单蹼和双蹼，分别指运动员穿着单蹼或双蹼进行恒重屏气比赛。

（1）恒重无蹼（Constant Weight Without Fins）（图 1-13）比赛要求运动员徒手依靠自身划手及蹬腿产生动力推动下潜和上升。与动态无蹼比赛相同，运动员为了加强推动力和节省体能，也会采用“蛙泳水下长划臂”技术下潜和上升。由于恒重无蹼比赛是在携带一定配重的情况下不借助任何器材和外力协助下潜和上升，所以该项目被称为最难的深度下潜比赛项目，它需要运动员具有很强的徒手游动能力，并能够将推进动作、平衡压力、下潜技巧及浮力控制等动作协调完成。

图 1-13　恒重无蹼

（2）恒重有蹼（Constant Weight With Fins）比赛需要运动员肌肉发力带动脚蹼产生动力推动下潜和上升。运动员既不可以划手，也不能使用任何外部机械动力和其他推进装备，即使外部机械动力是由肌肉触发的也不可以。与动态有蹼比赛相同，恒重有蹼比赛又分为单蹼（图 1-14-a）和双蹼（图 1-14-b）。当运动员使用单蹼进行恒重有蹼比赛时，一般双手前伸夹紧，保持流线型以减小阻力，双腿以“海豚腿”的方式下潜和上升。当运动员使用双蹼进行恒重有蹼比赛时，要求运动员除了在出发或者转身后 3m 范围内可以使用双腿同时踢动的“海豚式”踢法外，在其他下潜和上升过程中要始终保持双蹼交替踢动的动作。

a. 单蹼

b. 双蹼

图 1-14 恒重有蹼

2. 变重屏气（Variable Weight Apnea）

变重屏气是指运动员携带一定的配重屏住呼吸沿导潜绳垂直下潜，达到预先申报的深度后，运动员丢掉所携带的配重，然后沿导潜绳上升回到水面，以运动员下潜的深度决定比赛的成绩。在比赛过程中，运动员不得借助牵拉导潜绳的力量帮助自己下潜和上升，导潜绳在比赛中只起到导向作用。变重屏气分为变重无蹼和变重有蹼两种类型，其中变重有蹼又进一步分为单蹼和双蹼，指的是运动员穿着单蹼或双蹼进行变重屏气比赛。早期的变重屏气比赛运动员都是采用“头下式”的下潜方式，近年来，也有运动员采用“足下式”的下潜方式。

与恒重屏气比赛一样，运动员在变重无蹼比赛中，大多采用推动力大且体能消耗较少的“蛙泳水下长划臂”技术下潜和上升；而当运动员使用单蹼进行变重有蹼比赛时，一般双手前伸夹紧，保持流线型以减小阻力，双腿以“海豚腿”的方式下潜和上升。当运动员使用双蹼进行变重有蹼比赛时，要求运动员除了在出发或者转身后 3m 距离范围内可以使用双腿同时踢动的“海豚式”踢法外，在其他整个下潜和上升过程中要始终保持双蹼交替踢动的动作。

3. “变重石头”（Skandalopetra）自由潜水

“变重石头”是一个具有历史渊源的屏气潜水比赛项目，其名称来自希腊语“scandali”（trigger 触发）和“petra”（stone 石头）。这种所谓的“变重石头”本来是古希腊渔民用来潜入水下捞取海产品的潜水技术，他们使用一根系有绳索的大理石或花岗岩，手持石头“坠”入水下。当潜水者达到一定的深度并捞取海产品后，拉动缠绕在自己手腕上的绳索，给岸上的同伴发出上升信号，岸上的同伴从绳索另一端将他拉出水面。如今，“变重石头”已经发展成为一种无限制的屏气自由潜水运动，甚至可以说，正是这块石头构成了这项运动的基础。

现代的“变重石头”自由潜水是一项团队比赛：一名运动员下潜，其他潜水员在水面等待。当第一位运动员达到所需深度时，第二位运动员将他用绳索拖拽回水面，然后第二位运动员下潜，如此反复。“变重石头”比赛规定运动员不能穿潜水衣、不能戴面镜和穿脚蹼，但可以佩戴鼻夹。运动员在潜水船上或潜水平台上面调整呼吸，准备下潜前拿起石头（图 1–15）。然后手持石头采用头朝下的姿势下潜（图 1–16），下潜的过程中身体不需要动，尽可能保持垂直，运动员也可以通过控制手中的石头来加减下潜速度，手中的石头可以起到类似舵的作用。

图 1–15 “变重石头”自由潜水的准备阶段

图 1–16 “变重石头”自由潜水下潜

4. 攀绳下潜（FIM Apnea）

攀绳下潜（图 1–17）是指运动员屏住呼吸依靠牵拉导潜绳垂直下潜，达到预先申报的深度后，再依靠牵拉导潜绳上升回水面，以运动员下潜的深度决定比赛的成绩。攀绳下潜比赛规定运动员在整个比赛过程中不得使用配重和脚蹼，下潜和上升时运动员必须依靠牵拉导潜绳或徒手游动产生动力，不可使用任何外部机械动力，即使外部机械动力是由肌肉触发的也不可以。在攀绳下潜比赛中，运动员可采用“头下式”或“足下式”下潜，这取决于每个运动员的平衡压力情况，有些运动员会将两种方式结合进行比赛。

图 1–17 攀绳下潜

5. 无限制（No Limit，NLT）自由潜水

无限制自由潜水（图 1–18）是指运动员借助配重屏住呼吸沿导潜绳垂直下潜，

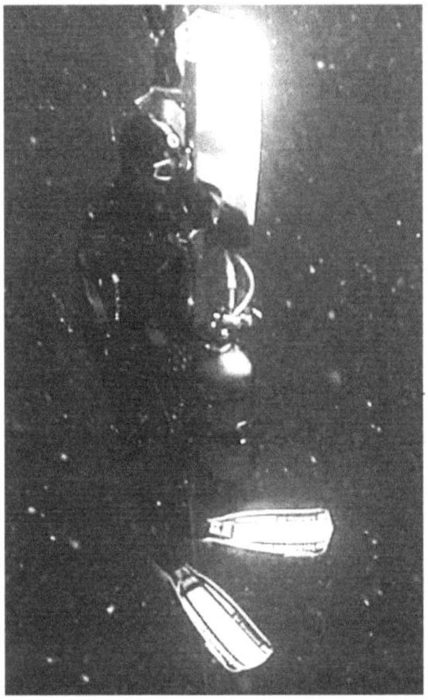

图 1–18　无限制自由潜水

到达一定深度后再依靠浮力装置上升至水面，以运动员下潜的绝对深度决定比赛成绩。无限制自由潜水比赛对运动员下潜和上升的方式没有限制，运动员既可以利用牵拉导潜绳产生下潜或上升的动力，也可以通过游动加快下潜和上升速度，最终决定比赛成绩的是运动员下潜的深度。当然，运动员下潜的动力主要是配重，而上升的动力主要是浮力装置。运动员在上升时通常借助充气浮力装置，如浮力袋或身穿可充气式的浮力装置。

由于无限制自由潜水比赛项目挑战的是运动员能够下潜的最大深度，具有很大的危险性，因此很多国家和潜水组织未对该比赛项目进行认证，只有极少数非常热衷于挑战自我极限、打破和创造人类深潜纪录的专业自由潜水员才会组织和参加无限制自由潜水比赛。

本章复习思考题

1. 有记载的国外和国内的自由潜水起源可以追溯到什么时期？
2. 目前主要有哪些自由潜水国际组织？他们的特点分别是什么？
3. 现代意义上的自由潜水活动有哪几类？
4. 何为休闲自由潜水活动？
5. 何为娱乐竞赛性的休闲自由潜水活动？
6. 何为竞技类自由潜水活动？
7. 水下屏气类自由潜水比赛项目是由什么来决定运动员的比赛成绩的？
8. 深度下潜类自由潜水比赛项目是由什么来决定运动员的比赛成绩的？

CHAPTER 02 <<< 第二章

自由潜水基础理论知识

在我们进行自由潜水活动前，首先要正确地理解和掌握人体在潜水环境中产生的变化。这些变化，涉及很多学科知识。人们在进行潜水活动的过程中会逐渐习得潜水物理、潜水生理及潜水心理等方面的专业知识，对于自由潜水者而言，这些知识都是极为重要的。

第一节　自由潜水物理学概述

人在出生前，会在母亲的子宫中度过大约 9 个月，子宫里充满羊水（图 2–1），而羊水在很多方面与海水极其相似。因此，人类在海洋中潜水时，会触发在羊水中孕育的早期记忆和感觉，这正是很多人描述屏气潜水就像一次“重返”的原因。

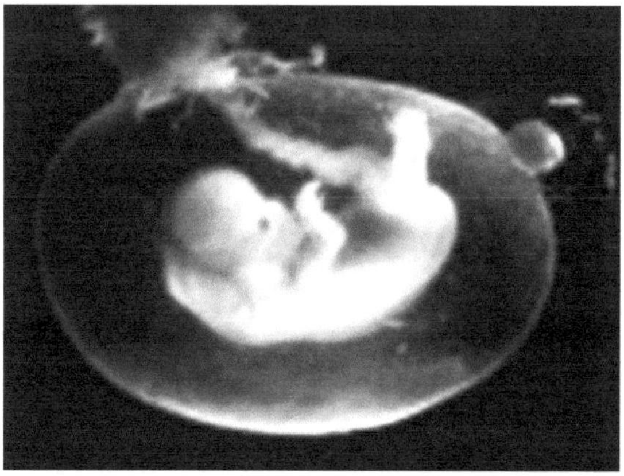

图 2–1 “羊水海洋”中的胎儿

潜水给人带来的感受是神奇和美妙的。由于水和空气的密度不同，而且物理形态存在本质上的差异，因此潜水员在水下时的体验和感受也与陆地上完全不同。一方面，水会对潜水员施加一个向上作用的浮力，抵消地球对人体产生的向下的引力，潜水员不用承载在陆地上的全部身体重量，可以像太空人一样轻松地漂浮在水中。另一方面，由于水的密度比空气大得多，潜水员在水下所承受的外部压力远远大于陆地上大气压施加的压力，这就需要潜水员掌握专业的潜水技能与技巧来应对外界环境压力的变化。比如在下潜时，潜水员需要掌握正确的平衡耳压技术，来应对因水压增大压迫耳膜而导致的耳朵疼痛。因此，了解和掌握潜水相关的物理学知识，是潜水员从事潜水活动的基础，也是制订科学的潜水计划和进行安全潜水活动的必要前提。

一、物质形态、空气成分及人体组成

我们首先回顾一下物质的三种基本形态，进而学习围绕地球的大气层和空气的组成成分，熟悉空气中所含气体的比例及主要气体成分的特点，并从物质形态的角度掌握人体的组成。

（一）物质形态

世界上所有的物质都是以某种形态存在的。固体、液体和气体是物质存在的三种基本状态。

1. 固体

固体具有固定的体积和形状，质地坚硬，难以改变自身体积。固体在一般情况下是不可被压缩的。例如，将一块鹅卵石或者一台桌子置于水下 100m 甚至 1000m，在水的巨大压力作用下，鹅卵石或者桌子的体积和形状几乎不会发生变化。

2. 液体

液体具有固定的体积，但无固定形状，其形状可依承载收纳液体的容器不同而改变。液体的形状可以改变，但体积是不可被压缩的。例如，将灌满水的气球或者灌满汽油的油桶置于水下 100m 甚至 1000m，在水的巨大压力作用下，由于液体的不可压缩性，气球和油桶的体积几乎不会发生变化。

3. 气体

气体无固定的体积和形状，是可以被压缩的。例如，将一个气球置于水下，由于空气被水压压缩，气球的体积会随着水深（水越深，水压越大）的增加而不断缩小。

（二）大气层和空气的成分

大气层是气象学专业术语。因地球的引力所形成的围绕地球外部空间的一层混合气体，我们将其称为空气。大气层的厚度约为在 1000km，没有明显的界线。大气层的空气密度随海拔高度的升高而逐渐减小，即海拔越高空气越稀薄。

空气是地球上的动植物生存的必要条件，是地球上的动植物维持生命活动不可或缺的物质，动物的呼吸和植物的光合作用都离不开空气。

空气中，有约 78.1% 的氮气，约 20.9% 的氧气，约 0.939% 的稀有气体（氦气、氖气、氩气、氪气、氙气、氡气，其中绝大部分为氩气），约 0.031% 的二氧化碳以及约 0.03% 的其他气体和物质（水蒸气、臭氧、一氧化氮、二氧化氮等）（图 2–2）。

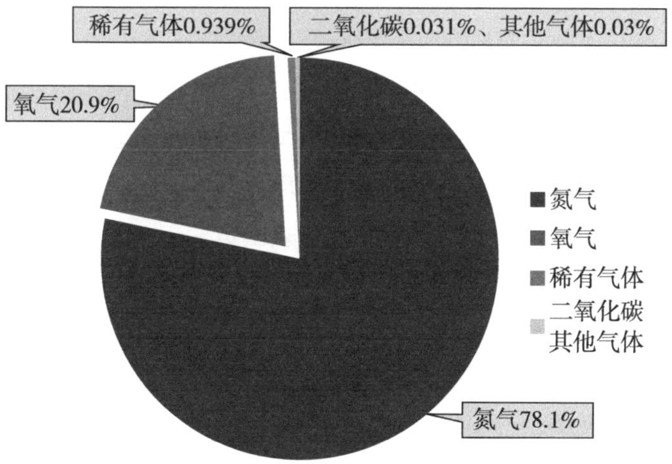

图 2–2　空气的组成

对于人类来说，空气所含的各种气体中，对人体影响最大的是氧气和氮气，它们在空气中所占比例也是最大的，约为空气总量的 99%。由于组成空气的其他气体和物质在空气中所占比例很小，因此，在非精确计量的情况下它们可以忽略不计，此时空气成分的含量简单地计为 79% 的氮气和 21% 的氧气。

1. 氧气（O_2）

氧气为无色、无味的气体，能溶于水，但溶解度很小，正常空气中，氧气的含量约占 21%。

氧气是人体进行新陈代谢的关键物质，是维护人类生存的三大基础物质（食物、水、氧气）之一。人是靠吸取氧气并呼出二氧化碳生存的。氧气通过人体的呼吸系统在身体里循环，并在各种酶的作用下产生身体所需要的各种养分，因此，氧气是人体生命活动的第一要素。氧气含量过高或过低都会损害身体。当空气中的氧气含量低至 14% 即可导致生理功能衰退，表现为判断力减退及代谢紊乱等缺氧反应，含量低至 10% 时人体会出现呼吸困难，低于 7% 则可导致死亡。

2. 氮气（N_2）

氮气为无色、无味、性质稳定且活性不强的惰性气体。正常空气中氮气的含量约为 78%，它是空气的主要组成成分。

氮气并不参与人体的新陈代谢，没有维持生命的功能。在正常环境里，氮气对人体没有作用。但是，在潜水时，随着潜水深度增加，潜水员所承受的压力不断加大，体内的氮气压力也不断增加，会使人体产生类似醉酒的感觉，称为“氮醉”。若潜水员从深潜的高压环境下过快转入常压环境，则潜水员体内会形成氮气气泡，压迫神经、血管或造成微血管阻塞，发生“减压病”。

3. 二氧化碳（CO_2）

二氧化碳是一种无色、无味、无毒的气体。空气中含有微量的二氧化碳，正常空气中二氧化碳的含量约为 0.031%。

二氧化碳没有毒性，但当空气中的二氧化碳超过正常含量时，会对人体产生有害的影响，含量过高时，会使人因缺氧而发生窒息。在潜水时，潜水员可能会因长时间屏气、未正确使用呼吸装置等原因，造成体内二氧化碳含量升高，使潜水员发生缺氧，甚至窒息的危险情况。

（三）人体组成

人体也是由固体、液体及气体组成的。例如，骨骼是固体形态，血液为液体形态，肺部、鼻窦等器官的空腔内则充满了气体。

人体大部分由液体组成。水占人体重量的60%~70%，新生儿体内含水则高达80%（图2-3）。需要强调的是，在水下，人体中只有体内充满气体的空腔才可以被压缩，其他部位则很难被压缩。因此，人在潜水时，随着深度增加，外界水压增大，胳膊、大腿等部位不会感到被水挤压的不适感；而耳部、鼻窦和肺部等器官的空腔则会有明显的不适感。

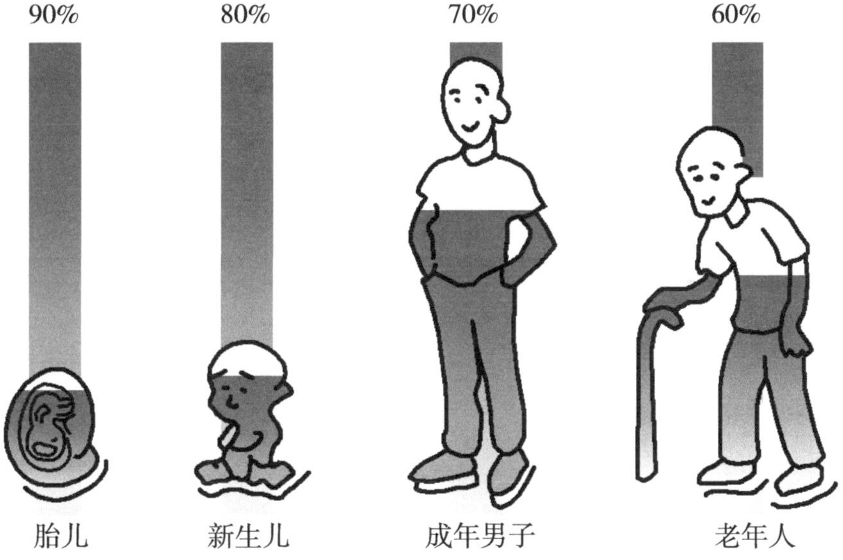

图2-3 人体中水的百分比

二、压力与压强

在地球引力的作用下，人体要承受大气层带给我们的压力。当我们潜入水下时，则要承受水对人体施加的压力。人体处在不同压力环境中会有不同的压力感受，要准确地定义这些不同的压力感受，就需要学习和理解压强的概念，以及与潜水有着密切关系的水压、人体的压力感受、气体与压强的关系等知识。

（一）压力和压强的物理概念

在物理学中，把垂直作用在物体表面上的力叫作压力，即压力是指发生在两个物体的接触表面的作用力，既可以是气体对于固体和液体表面的垂直作用力，也可以是液体对于固体表面的垂直作用力。

此外，物理学把物体表面受到的压力与受力面积的比称作压强，即压强是表示物体单位面积上所受力的大小的物理量。压强用来表示压力在物体表面的作用效果，压强越大，压力的作用效果越明显。

压强的计算公式是：$p = F/S$。式中：p 表示压强，其国际单位是帕斯卡（Pa）；F 表示力，其国际单位是牛顿（N）；S 表示受力面积，其国际单位是平方米（m^2）。1 帕斯卡的物理意义是：1 牛顿的力作用在 1 平方米的面积上，即 $1Pa = 1N/m^2$。

除国际单位外，基于世界各地不同的使用习惯及在不同科学领域中应用的便利性，压强计算公式中 3 个变量的单位还有很多种表达方式，如巴（bar）、厘米水银柱（cm–Hg），米水柱（m–H_2O）、英尺水柱（ft–H_2O）、千克力 / 平方厘米（kgf/cm^2）、磅力 / 平方英寸（psi）等。在潜水中，国际上通常习惯使用压强单位大气压来表示压力作用于人体而产生的效果，其单位表示为：p 的单位为大气压（ATM）；F 的单位为千克力（kgf），S 的单位为平方厘米（cm^2），1 个大气压的物理意义是：1 千克的力作用在 1 平方厘米的面积上，即 $1ATM = 1\ kgf/cm^2$。

（二）人体的压力感受及其变化

人类在地球上生活，就仿佛在一片“空气海”的环境中，在地球引力的作用下，人体在地球表面最低点的海平面处，大概要承受高度约 1000km 以上的空气重量。

为了理解大气对人体的压力，我们可以利用上述的压强公式来加深理解：1000km 的大气层所产生的压强（即海平面处的空气压强）为 1 个大气压（ATM），那么公式 F（压力）$= p$（压强）$\times S$（受力面积）$= 1ATM \times 1\ cm^2 = 1kgf/\ cm^2 \times 1\ cm^2 = 1kgf$。又因 G（重力）=m（质量）× g（重力系数），也就是说，人体约拇指指甲大小的体表面积大约要承受 1kg × 9.8N/kg=9.8N 的空气重力（图 2–4）。

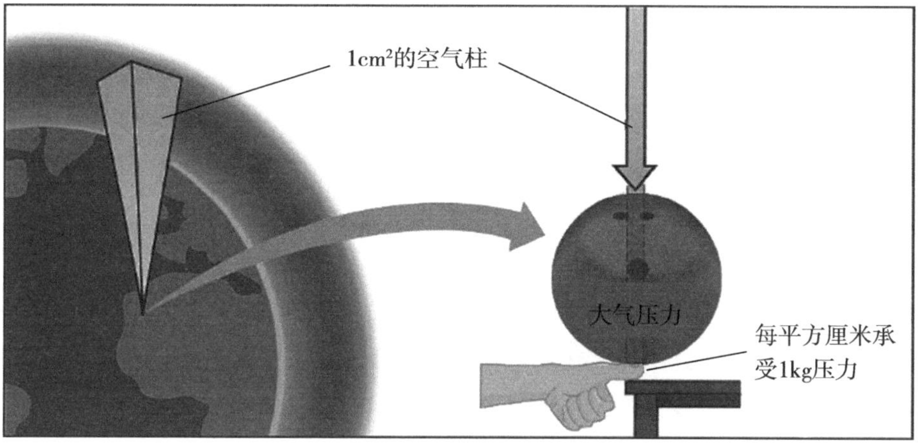

图 2–4　人体的拇指所承受的大气压力

以一个身高 170cm，质量 70kg 的成人为例，其体表面积约为 1.905 m^2，根据数学公式 $1m^2 = 10\,000\ cm^2$，换算成平方厘米约为 $1.905 \times 10\,000 = 19\,050\ cm^2$；那么这个成人身体承受的总空气质量约为 $=19\,050\ cm^2 \times 1kg/\ cm^2 = 19\,050kg$。一头非洲草原象的质量约为 6500kg，非洲森林象的平均质量约为 3200kg，也就是说，相当于有 3 头非洲草原象或 6 头非洲森林象压在这个成人身上（图 2–5）。

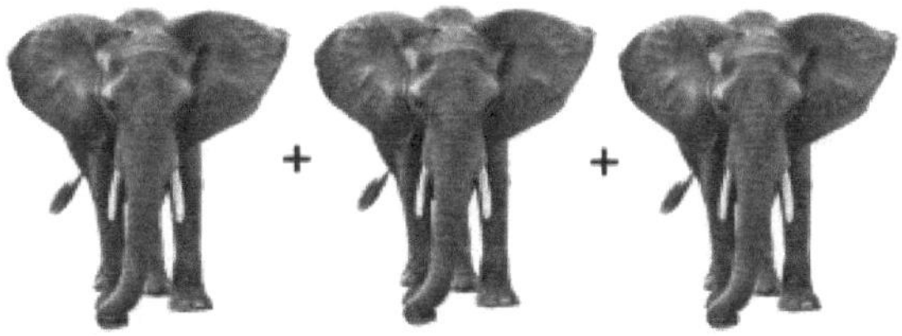

成人身体承受的总空气质量约等于三头非洲草原象的质量

成人身体承受的总空气质量约等于六头非洲森林象的质量

图 2–5　人体承受的空气总质量所对应的大象质量

在这么重的空气的作用下，为什么没有将人压扁呢？甚至在正常情况下，人体都感受不到压力的作用呢？这主要有 3 个方面的原因：一是人体在正常情况下体内的空腔都充满了空气，进而使内外气压相对平衡，根据帕斯卡定律①，人体内外的压力相互抵消；二是组成人体的固体和液体是难以被压缩的；三是人类与生俱来就习以为常的生活在大气的“厚重压迫”下，所以对于其作用在人体上的压力几乎没有任何感觉。因此，身处于一个大气压作用下的人们不会有受压的感觉。

但是，当潜水员在进行潜水活动时，在水下不仅要承受大气层空气产生的压力，还要承受水产生的压力。也就是说，潜水员在水下要同时承受大气压和水压产生的双重压力。因此，与人在陆地上对大气压没有明显的压力感受不同，潜水员在水下时，会明显地感受到水压对人体的作用。

由于水的密度比空气大得多，空气大约要 1000km 厚才能产生 1 个大气压的压强，而水只需约 10m 深就可以产生 1 个大气压的压强。因此，潜水员在进行潜水活动时，即使下潜的深度不是很深，随着下潜深度的增加，其所受的水压感受也会快速地递增，实际上，大多数人在水深 2m 处就可明显感受到压力的作用。

（三）水压

水压是指水的压强。水的密度比空气大很多，前者约为后者的 773.4 倍②。也就是说，当水和空气的体积相同时，水的质量要比空气的质量大得多。因此，相同体积的水和空气分别作用在相同的面积上时，水的压强要比空气的压强大。

1. 水压的量化

在标准状态下，即温度为 4℃时，体积为 $1cm^3$ 的纯水质量为 1g。如果我们将标准状态下的纯水注入一个底面积为 $1cm^2$ 的长柱形容器中，若水柱的高度为 10m，则水柱体积为 $1000\ cm^3$，质量为 1000g，则容器底部的压强即水压为 $1kgf/cm^2$。因此，水深每增加 10m 就可以产生相当于 1 个大气压的水压。

---

① 帕斯卡定律是流体静力学的一条定律，它指出，不可压缩静止流体中任一点受外力产生压力增值后，此压力增值瞬间传至静止流体各点，并且能够大小不变地由流体向各个方向传递。

② 标准状态下：水的密度是 $1000kg/m^3$；空气的密度是 $1.293kg/m^3$。

2. 关于潜水时水压的计算

潜水时，施加在潜水员身上的压力等于水压与水面的大气压之和。因此，在水下 10m 深处的压强为 2 个大气压，在水下 20m 深处的压强为 3 个大气压，以此类推。也就是说，潜水员在水下每下潜 10m 深度，所承受的绝对压强值便增加 1 个大气压。因此，在潜水中，通常习惯将水压也以大气压作为度量单位。

3. 关于潜水时水压的精确计算

若要更精确地对潜水水压进行表达，还需注意水的密度。由于海水含盐，因此，其密度比淡水高。海水的密度约为淡水的 1.026 倍。所以，相同水深的海水压强比淡水要大。更为精确地表述是：在海水中，每下潜 10m 便增加 1 个大气压；而在淡水中，每下潜 10.26m 才增加 1 个大气压。

不同的海洋海水的含盐量也有所差异，因此世界各地海水的密度也不相同。比如，红海的海水含盐量最高，其盐度约为 41‰，波罗的海的海水平均盐度只有 7‰ ~8‰。而江河入海口处因为有大量淡水作为补充，其海水的盐度较低，如长江口附近海域的盐度在 5‰以下。此外，海水温度和水压变化也会影响其含盐量。

（四）气体体积与压强的关系

在物质的三种基本形态中，只有气体的体积是可以被压缩的，而气体体积的改变，必然与其所受到的压强密切相关。在潜水中，潜水员在承受比陆地上 1 个大气压要大得多的水压时，其体内充满空气的空腔会被压缩，并会由此而引发一系列的潜水生理问题。潜水员穿的潜水服也会因水压将发泡材料中的气泡压缩，由此而引起潜水服的保暖效果变差、浮力变小等。因此，学习潜水时，我们必须了解和掌握关于气体体积与压强的关系。

1. 波义耳定律（Boyle’s law）

波义耳定律由英国化学家波义耳于 1662 年提出，其内容是：恒温条件下，一定质量的理想气体的体积与其压强成反比。

波义耳定律可以用公式表示为：$V=C/P$。式中：V 为气体的体积，P 为压强，

C 为常数。即 $C=P\cdot V$，可理解为：理想气体的体积与压强的乘积为常数。也就是说，在温度不变的情况下，同一份气体在不同状态下的气压与体积的乘积为一个固定值，由此可推导出：$P_1\cdot V_1=P_2\cdot V_2$。

2. 气体体积与水深

由波义耳定律可知，气体体积与压强成反比。因此，当同一份气体处于不同的水深深度时，由于所受到的压强发生了变化，则自身体积同样会发生变化。显然，水深越深，气体受到的压强就越大，处于其中的气体体积就越小。但是，在温度恒定不变的前提下，该气体所受的压强与其体积的乘积始终是一个固定值。

例如，位于海平面处空气中的体积为 1m^3 的气球，所受气压为 1ATM，两者的乘积为：1m^3 · 1ATM=1m^3ATM；当该气球位于水深 10m 处时，气球所受压强约为水面压强的 2 倍，即为 2ATM，而气球的体积被压缩为 0.5 m^3，两者的乘积为：0.5m^3 · 2ATM=1m^3ATM，即与上述气球位于海平面处空气中时的乘积值是相同的，也就是说，该气球在水深 10m 处时，所受压强为 2 个大气压，气球体积变为原来的 1/2；同样，当该气球下降到 20m 水深处时，所受压强约为 3 个大气压，气球体积则变为原来的 1/3；如果气球下降到 30m 水深处时，所受压强约为 4 个大气压，气球体积则变为原来的 1/4，依此类推（图 2–6）。

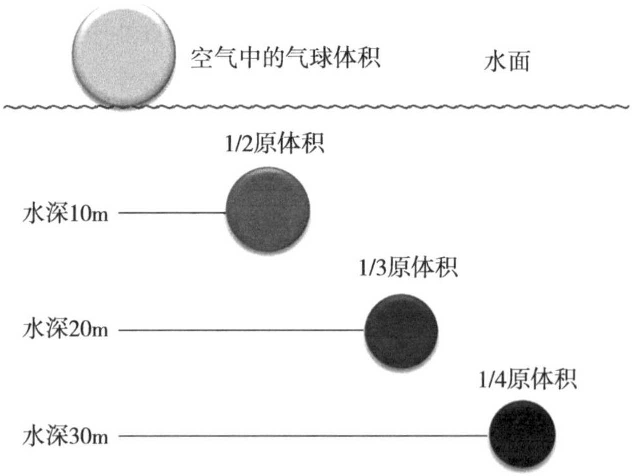

图 2–6　气球体积与水深关系示意图

（五）气体密度与压强的关系

从气体体积与压强的关系中我们知道，气体的体积随着所受到的压强的改变而改变，而气体体积的改变必然会造成气体密度的变化。因此，气体的密度变化也与所受到的压强密切相关。

1. 基本关系

根据波义耳定律，我们知道一定含量气体的体积随着压强的增加而减小，随着气体体积的减小，气体的密度就会增加。因此，气体密度与压强的关系可以表述为：气体密度随着所受到的压强的增加而增加。

2. 确切表达

气体密度与压强的关系更为确切的表达为：在温度不变的情况下，若体积为 a 的气体在 1 个标准大气压下的密度为 b，则该气体在 2 个标准大气压下的体积为 1/2a，而气体密度变为 2b。

例如，在温度恒定为 18℃的情况下，1 个大气压下的空气密度为 1.2 250kg/m^3；2 个大气压下的空气密度变为 2.4 500kg/m^3；而 3 个大气压下的空气密度则变为 3.6 750kg/m^3，依此类推。

三、浮力及人体在水中的状态

在日常生活中，我们经常会看到与浮力相关的例子。例如，船只在浮力的作用下，可以在海面上漂浮；游泳时借助救生圈，人就可以稳稳地浮在水面上而不下沉，这些都是浮力在日常生产和生活中的应用。那么，到底浮力产生的内在原理是什么呢？下文将详细地对其规律进行讲解。

（一）阿基米德定律（Archimedes Law）

阿基米德定律也被称为浮力定律，其内容是：浸在液体中的物体受到竖直向上的浮力作用，浮力的大小与该物体排开的液体的重量相等，浮力大于物体重量时，物体上浮，反之，则下沉。

阿基米德定律的公式为：$F = G = \rho g V$，式中 F 为浮力，其单位是 N；G 为被物体排开的液体的重力，其单位是 N；ρ 为物体所浸入的液体的密度，其单位是 kg/m^3；V 表示被物体排开的液体的体积，单位是 m^3，$g = 9.8N/kg$。

根据阿基米德定律可知，浮力 F 的大小只跟液体的密度 ρ、物体排开液体的体积 V 有关，跟物体本身的形状、构成物体的材料的密度，以及物体浸没在液体中的深度、液体体积的多少、物体在液体中是静止还是运动等都无关。

例如，将体积大小为 1L、质量为 10kg 的实心铁球完全浸入淡水中后，实心铁球排开的水量（排水量）体积为 1L，由于淡水的密度为 1000 kg/m^3，则 1L 淡水的质量为 1kg，此时，该实心铁球受到的垂直向上的浮力大小为 9.8N，则浸入淡水中的实心铁球的质量就会减轻到 9kg。

阿基米德定律不仅适用于液体，同样也适用于气体，即浸没在气体里的物体受到的浮力大小，等于它排开的气体所受到的重力。也就是说，物体在空气中同样也会受到垂直向上的空气浮力。但大多数处于空气中的物体之所以无法因空气的浮力而向上漂浮，是因为空气的密度太小，所产生的空气浮力也很小，而物体所受到的向下的地心引力远大于向上的空气浮力，即物体的重力远大于其在空气中的浮力。

但是，相对于空气密度来说，水的密度要大得多，所以，水所产生的向上的浮力十分可观。因此，人们可以利用水所产生的浮力为人类的生活和生产提供便利，比如，我们可以科学合理地利用水的浮力游泳、潜水、开展救援、制造船只、修建海上平台等。

（二）浮力状态

浮力状态指的是物体在液体中所呈现的沉浮状态，可分为 3 类：正浮力状态、中性浮力状态和负浮力状态（图 2–7）。

1. 正浮力状态

正浮力状态是指物体所受到的向下的重力小于其在液体中所受到的向上的浮力，物体会保持上浮状态，直到浮出于液面。

2. 中性浮力状态

中性浮力状态是指物体所受到的向下的重力等于其在液体中所受到的向上的

浮力，物体会在液体中保持静止，既不向上浮，也不向下沉。

3. 负浮力状态

负浮力状态是指物体所受到的向下的重力大于其在液体中所受到的向上的浮力，物体会保持下沉状态，直到落底。

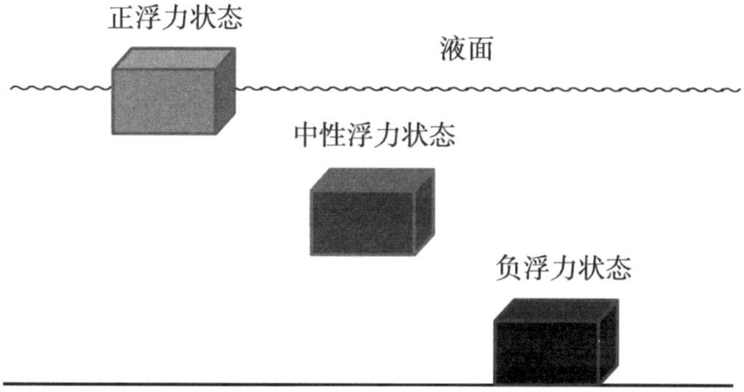

图 2-7　3 种浮力状态示意图

（三）人体在水中的状态

人体在水中所受到的浮力也遵循阿基米德定律，其在水中的浮力状态取决于人体的比重①。在潜水中，潜水员所穿的潜水服的浮力大小也会影响人体在水中的浮力状态。

1. 人在水中受到的浮力

人类经过长时间的进化，身体构造精密而巧妙。人的肺部空腔有很强的弹性和柔韧性，我们可以通过有意识地控制吸气量的多少使肺部膨胀或收缩，从而通过肺部体积的变化改变身体的比重，由此来调节人的整个身体在水中的浮力大小。

根据人在水中吸气或吐气后的浮力大小，可将人的浮力状态分为 3 种：天然下沉者、天然上浮者和受呼吸制约的漂浮者。其中，天然下沉者是指在水面充分吸足一口气并屏住呼吸后，身体依然会下沉者；天然上浮者是指在水面充分吐气后并屏住呼吸后，身体依然会浮于水面者；受呼吸制约的漂浮者是指在水面吸气

① 比重也称为相对密度。固体和液体的比重是该物质在某一特定温度、压力下的密度与纯水在标准大气压下的最大密度（温度为 3.98℃时的密度为 999.972kg/m³）的比值。气体的比重是指该气体的密度与标准状况下空气密度的比值。

后会浮在水面，吐气后会下沉到水下。我们大部分人属于受呼吸制约的漂浮者。

由于人的肺部空腔存有一定量的空气，所以大多数人身体的比重约为0.97kg/L(稍低于淡水1kg/L的比重)，当身体完全浸没在水中时，浮力是稍大于体重的。例如，体重为65kg的人，身体重力为637N，其在淡水中排开水的体积为65÷0.97≈67L，所排开的淡水质量约为67kg，根据阿基米德定律，其身体所受到的浮力为656.6N，浮力比身体重力大19.6N。因此，大部分的人在水中是正浮力状态，即使不做动作亦能上浮。

但是，影响人体浮力大小的内部因素很多，如肺总容量大小，脂肪含量，身材比例，骨骼大小及密度等，其中肺总容量的大小是决定人体浮力大小最重要的因素。因此，每个人在水中受到的浮力大小是不同的。例如，由于脂肪的比重（0.79 kg/L）远低于水的比重，胖人的脂肪含量更高，在水中受到的浮力会比瘦的人更大，也更容易浮在水面上。

某些海生哺乳动物，体内有一个控制身体浮沉的气囊，当气囊周围肌肉收缩时，气囊缩小，浮力减小，身体下沉；肌肉舒张时，气囊扩大，浮力增大，则身体上浮。人的肺部可视为具有相似功能的浮力调节器，吸气时肺部膨胀，浮力增大；呼气时肺部缩小，浮力减小。因此，每个呼吸周期肺部空腔内气体容量的变化会直接影响人体浮力的变化。

2.潜水服在水中受到的浮力

潜水服为自由潜水员的重要装备。它的主要功能是防止潜水员的体温在水中过快散失。由于潜水服是用海绵状发泡合成橡胶材料制成的，其材料中的气泡使得潜水服在水中受到一定的浮力。正是因为人体和潜水服都会受到水的浮力作用，因此，为了减少下潜难度，控制上升速度，潜水员在潜水前，需要使用配重增加重力以抵消潜水服额外产生的浮力。

需要强调的是，根据波义耳定律，潜水员在潜水时，随着深度的增加，水压对潜水服中气泡的压缩使得潜水服的厚度变薄，进而使潜水服的浮力减小，保温效果也随之变差。除此之外，潜水员因浮力不足还会出现下沉现象。例如，当潜水员下潜至水深30m时，潜水服内气泡的体积被压缩为原来的1/4，其浮力也会减少到原来的1/4，而由于潜水员所携带的配重不变，因此，潜水员在下潜到一定深度时就会产生下沉现象。

（四）中性深度或中性点

当自由潜水员通过吸气使肺部充满空气而漂浮于水面后，躬身下潜踢动蛙鞋开始往水下下潜的最初几米时，都是处于正浮力状态，需要以较好的躬身下潜技巧及加大力度踢动脚蹼的方式来抵消正浮力。在持续下潜的过程中，由于水压不断增大，潜水员的肺部和潜水服体积被压缩，浮力逐渐减小，当潜水员下潜到某一水深时，会处于中性浮力状态，则这一水深称为“中性深度”或简称“中性点”，此时如果潜水员停止下潜，则会在水中保持悬浮静止状态。如果潜水员继续下潜，水压进一步增大，潜水员肺部和潜水服体积被进一步压缩，浮力继续减小，则潜水员会处于负浮力状态。在负浮力状态下，潜水员无须踢动蛙鞋，也会持续保持往下“沉”的状态，这就是令很多自由潜水员所津津乐道的“自由坠落”阶段。

自由潜水活动的中性点是可以改变的，自由潜水员可依据自身的浮力特点，通过穿着浮力大小不同的潜水服，或配带不同重量的配重等方法来改变中性点，从而达到根据需要自行设置中性点的目的。

在自由潜水活动中，到底应该将中性点设置在多大的水深处呢？第一，要根据实际的潜水活动需求来设定深度。比如，潜水员计划要观看或者拍摄水深 6m 处的珊瑚时，那么中性点最好设置在 5m 深处，这样可以轻松地悬浮在 5m 深处活动。第二，根据预定下潜的最大深度设置中性点。如果中性点小于 10m，则潜水员在下潜到最大深度后，返程上升回到水面时会更加费力；反之，如果中性点大于 20m 水深，则潜水员在下潜过程中需要持续不断地对抗向上的浮力，下潜游动将更加费力。一般情况下，自由潜水的最大下潜深度越大，设置的中性点也要更深。例如，最大下潜 40m 水深的中性点设置要大于最大下潜 20m 水深的中性点设置。如果更大深度的下潜，需要将中性点设置得更深，否则在大深度下的负浮力将会过大，意味着上升过程更费力。根据经验，若最大下潜深度是 20m，建议将中性点设置在 10m 水深处。将中性点设置在 10m 水深左右，还可以起到保证安全的作用。据统计，96% 以上的自由潜水员昏迷发生在 10m 以浅的水深处。所以，将中性点设置在 10m 水深左右，如果万一潜水员发生昏迷，则可保证其身体上升到水面而不是下沉到水底。另外，无论中性点设置在多大水深处，都要确保在水面休息时，潜水员的正浮力大于重力，使其能够轻松地保持身体漂浮在水面，否则潜水员需要持续踢动蛙鞋以保持正浮力，导致在水面消耗大量的体力。

当然，设置中性点还要根据个人的经验和能力，在自由潜水教练员的指导下进行。

四、光线、声音与热能

由于空气与水的密度不同，所以光线、声音和热能在水中的传播特性与在陆地上有很大的差异。在潜水时，潜水员对光线、声音和热能的感知与在陆地上完全不同。因此，学习潜水就必须掌握光线、声音和热能在水中的传播特性。

（一）光线

这里所说的光线是指人类的眼睛可以感受到的可见光①。光线在水中传播时，密度比空气大得多的水会对光线产生吸收作用，从而造成光线在水中的强度和颜色会产生与在陆地上不同的变化。

1. 水中光线强度的变化

由于水的密度远大于空气的密度，因此，可见光的光照强度在水中的衰减程度要比在空气中的衰减程度大得多，即使是纯净水，其光照强度也会随着水深的增加而快速减弱。在自然状态下，水中或多或少都会有悬浮的尘埃、有机物和无机物等微小颗粒，这些悬浮微粒在水中的密度越大，水对光线的吸收程度就越大，因此光线在水中的光照强度会快速减弱，甚至到达一定深度后，光线就完全消失了。

根据实验结果，即使在完全透明的水中，当水深为 5m 时，可见光的光照强度会被水吸收约 75%，即 5m 水深处的光照强度为水面上的 25%；当水深为 10m 时，可见光的光照强度会被水吸收约 86%，即 10m 水深处的光照强度为水面上的 14%；当水深为 20m 时，可见光的光照强度会被水吸收约 93%，即 20m 水深处的光照强度仅为水面上的 7%。因此，光线的光照强度在水中衰减得很快。

2. 水对光线的选择性吸收

水对光线的吸收作用，不仅减弱了水下光线的光照强度，而且由于水对光线的选择性吸收，水下光线的光谱结构也会发生改变，即水对光线中不同波长的光具有不同的吸收能力。水对可见光线的选择性吸收表现为对波长较长的光线吸收

① 可见光是电磁波谱中人眼可以感知的部分，波长范围在 380~780nm。

显著，对波长较短的光线吸收不明显。当光线在水中传播时，其中波长较长的红光、橙光、黄光等最易被水分子所吸收，且会随着水深被完全吸收；而波长较短的蓝光、紫光不易被水分子所吸收，遇到水分子时会被散射和反射。因此大海、湖泊等会呈现蓝色。

实验表明，对于一般的水来说，当光线射入水中时，首先红色光在水深约 5m 处被全部吸收；橙色光在水深约 10m 处被全部吸收；黄色光在水深约 30m 处被基本全部吸收；绿色光在水深约 40m 处被基本全部吸收；而蓝色光可以透过深达 300m 的水。

3. 水中视物与面镜

在水中，如果用裸眼直接观看，所看到的物体是不清晰的。这是由于在水中直接看水里的物体时，水和人眼的角膜发生了直接接触，眼球因此失去了正常校正的功能，就像照相机的镜头无法聚焦一样。因此，这时所看到的物体是模糊的。

为了解决这一问题，在潜水时必须戴上面镜。因为戴上面镜后，潜水员的眼睛和水之间就隔着一层空气腔，眼球仍然可保持正常校正的功能，潜水员就可以清楚地看到水中的物体。但是，由于空气的折射率大约为 1.00，而水的折射率为 1.33，两者的相对折射率为 3∶4，所以折射现象会使人产生错觉，感觉看上去物体的大小要比实际大，物体的距离也比实际距离近。当潜水员通过潜水面镜观察水下的物体时，也会产生这种物体变大和距离变近的视觉错觉，感觉物体的大小是实际大小的 4/3 倍，感觉物体的距离是实际距离的 3/4 倍（图 2–8），这种错觉会造成潜水员对水下物体的体量和距离的误判。

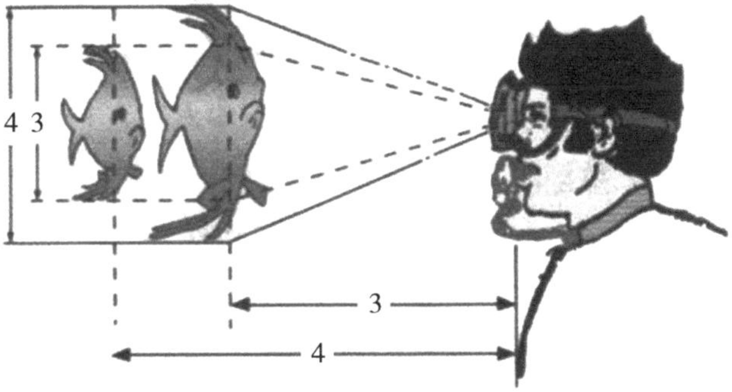

在水下通过潜水面镜看物体，感觉物体的大小是实际的4/3倍；感觉物体的距离是实际的3/4倍。

图 2–8　水中视物

地球上有一个特殊的民族，他们是生活在东南亚加里曼丹岛的巴瑶族，被称为“海上吉卜赛”人。巴瑶族居民从小就经常下海潜水并且不依靠任何泳镜或潜水面镜，其眼睛逐渐适应了水下环境，可以在水下用裸眼看清楚物体。

（二）声音

声音不仅可以在空气中传播，也可以在固体、液体或其他气体介质中传播。在不同的介质中，声音的传播速度是不同的，介质密度越大，其传播速度越快。因此，声音同样也可以在密度比空气大得多的水中传播，而且传播速度比在空气中更快。所以，潜水员在水下是可以听见声音的，但在水下的听觉感受与在陆地上有所不同。

1.水中并非宁静

很多人可能会认为水下环境是宁静和沉寂的。但事实却并非如此，水下环境中充满了各种喧闹的声音，比如，船经过时发出的机械声、水流形成的浪击声、砂与砂的摩擦声，以及水中鱼、虾、蟹类等生物发出的各种声音。在潜水时，潜水员是可以清晰地听到水中的各种声音的。

2.声音在水中的传播

由于水的密度比空气大得多，所以声音在水中的传播速度比在空气中快，在相同时间内快，传播的距离也更远。在 1 个标准大气压下，声音在 25℃空气中的传播速度仅为 346m/s，但在 25℃海水中却可达到 1 531m/s。

人们通常根据两耳接收到的声音的强度、时间差等因素来判断音源的方向与位置，听觉正常的人在空气中对音源方向的判断，其方位误差一般不会超过 10°。但由于声音在水中传播的速度非常快，人的两耳几乎同时听到声音，失去了对两耳接收到的声音强度和时间差的判断，这就造成潜水员在水下很难依靠听觉来判断音源的方向与位置。

（三）热能

热能是人类维持生命活动的基础，人体维持正常体温和进行各种生理活动都要消耗能量，所消耗的能量来源于食物中的蛋白质、脂肪和碳水化合物等。人体的热能主要来源于食物转化后所产生的热量。

1. 热能的含义

在物理学中，热能和热量是两个不同的概念。热能是状态能，指的是物体的内能；而热量是过程能，指的是由于温差导致的能量转化（热交换或热传递）过程中所转化的能量。热能通常以卡（cal）为单位，1cal 是指在 1 个标准大气压下 1g 纯水的温度从 14.5℃上升到 15.5℃所需的热量。但是，在 1 个标准大气压下要使 1g 空气的温度上升 1℃，则仅需要 0.24cal 的热量。

2. 潜水时的热能变化与应对方法

由于上述原因，潜水时，人体在水中散失热量的速度比在空气中要快得多。因此，潜水员在水中穿着潜水服，可以有效降低身体热量的散失速度，以利于维持体温。

潜水员在潜水前，必须充分了解和掌握潜水区域的水温，并根据水温情况合理选择潜水服的厚度，尽可能减少潜水时身体热量的流失。如果条件允许，还应该了解潜水区域垂直深度的水温变化情况和规律，以便应对潜水过程中的水温变化。

第二节　自由潜水生理基础知识

自由潜水是人体在“水”中进行活动。由于人类长期生活在陆地环境中，身体的构造和功能都更适宜于在陆地上活动。而人类在进行潜水时，由于人体需要面对完全不同于陆地的“特殊”环境，其生理功能必然会发生变化，并产生一系列的适应性反应。生理功能一旦超过人体生理功能所能承受的极限，人体就会发生各种不同程度的伤害，严重者甚至会发生死亡。为了更加安全地享受这项运动，自由潜水员要对人体生理及在水下环境中发生的变化有所了解。

一、循环系统

人体的循环系统包括心血管系统和淋巴系统，它们是分布于全身各部的连续封闭管道系统。其中，心血管系统内循环流动的是血液，淋巴系统内流动的是淋巴液。淋巴液沿着一系列的淋巴管道向心流动，最终汇入静脉，因此淋巴系统也可被认为是静脉系统的辅助部分。

（一）循环系统的作用

人体循环系统的主要作用是运输人体组织所需要的氧、营养物质及激素，带走人体组织所产生的二氧化碳及各种废物，以满足人体正常生理需求，维持人体功能。循环系统的一个关键作用是，将通过肺部吸入体内的氧气经由富含血红蛋白的红细胞携带并传送至整个身体，二氧化碳则通过血浆运回肺部，然后在呼吸作用下排出体外。循环系统关系到氧和二氧化碳的输送，如果循环系统出现问题，氧和二氧化碳的输送被阻碍，在短时间内便会使人体出现窒息并危及生命。

（二）心血管系统与血液循环

人体的血液循环（图 2–9）由心血管系统维持。心血管系统由心脏、血管、血液各部分组成。人体内遍布血管和血液。血液在心脏有节律跳动（收缩、舒张）下按一定的方向沿着血管不停地循环流动。心脏是血液循环流动的起止点，血液在血管中密闭循环，心脏输送血液，流经动脉血管后再分出许多分支血管，最后分成遍及全身各组织的极微小的毛细血管。

心血管系统负责为人体各个器官组织输送氧、营养素、荷尔蒙等机体生存必需的能量，一旦出现循环障碍，人体将无法存活。

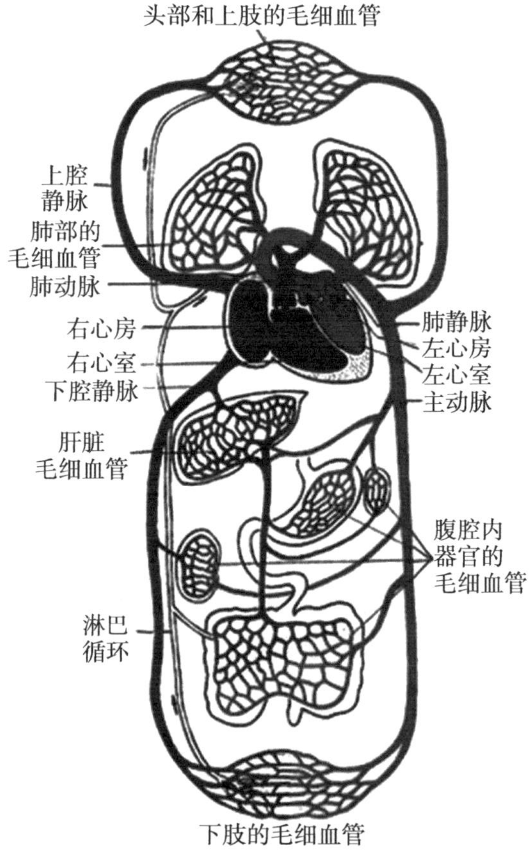

图 2–9　人体的血液循环系统示意图

（三）淋巴系统

像遍布全身的血液循环系统

一样，淋巴系统也是一个遍布全身的网状系统。该系统由淋巴组织、淋巴管及淋巴器官组成。淋巴器官包括脾、胸腺和扁桃体等，脾脏是最大的淋巴器官，脾能过滤血液，除去衰老的红细胞，平时作为一个血库储备多余的血液。淋巴系统没有一个像心脏那样的泵来压送淋巴液，其循环过程依靠新的淋巴液流入细胞间的空隙中，将旧的淋巴液挤入淋巴管进行。动脉和肌肉的张缩也对淋巴液施加向前的压力。呼吸作用则在胸导管内造成负压，使淋巴液向上流而回到血液中。

淋巴系统是人体的重要防御系统，它与心血管系统密切相关。淋巴系统能制造白细胞和抗体，滤出病原体，参与免疫反应，对于液体和养分在体内的分配也有重要作用。人受伤后组织肿胀，淋巴系统可排除积聚的液体，恢复正常的液体循环。

二、呼吸系统

呼吸系统（图 2–10）是人体与外界环境间进行气体交换的器官系统。呼吸系统由呼吸道器官和肺器官组成，呼吸道器官又分为上呼吸道和下呼吸道。鼻、咽、喉等器官组成上呼吸道，气管和各级支气管组成下呼吸道。肺是呼吸系统中最主要的器官，分为左肺和右肺，其中左肺有上叶和下叶两个分叶，右肺有上叶、中叶和下叶三个分叶。肺主要由不断分叉的支气管及其最小分支末端膨大形成的肺泡共同构成，肺泡是人体与外界进行气体交换的主要部位，数目很多，外面缠绕着丰富的毛细血管和弹性纤维。此外，胸膜和胸膜腔是呼吸的辅助器官组织。

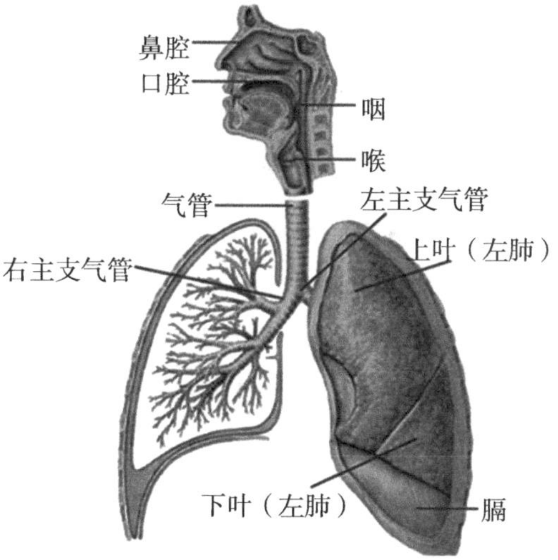

图 2–10　呼吸系统示意图

（一）呼吸系统的作用

人体能量供给的原料来自食物，而食物的氧化供能需要氧气，氧化供能后又产生二氧化碳及水。因此，人体在新陈代谢过程中要不断消耗氧气，产生二氧化碳。呼吸系统的功能主要是与外界的气体进行交换，吸进氧气，呼出二氧化碳，进行新陈代谢。由于人体内没有氧气的储存库，所以人体在进行新陈代谢的过程中，必须依靠呼吸系统不断地从外界吸入氧气，再由循环系统将氧运送至全身的组织和细胞，同时将细胞和组织所产生的二氧化碳再通过循环系统运送到呼吸系统排出体外，维持人体正常的生理功能。

人体的呼吸循环与血液循环密切相关，其循环过程是，由呼吸系统从外界吸入空气中的氧气，通过肺泡内的气体交换，使血液由含氧气少二氧化碳多的静脉血变成含氧气多二氧化碳少的动脉血；然后通过血液循环，输送到全身各个器官组织。各器官组织产生的代谢产物（如二氧化碳）再经过血液循环运送到肺，然后经呼吸道呼出体外。

（二）呼吸方式

人体的肺位于密封的胸腔中，肺本身并无平滑肌，不能自主地扩大或缩小。但肺富有弹性纤维，肺泡具有一定的表面张力，因此可以被动地扩大和缩小。肺的扩大和缩小完全靠胸廓的运动，随着胸廓节律性舒张和收缩，空气经呼吸道进出肺的过程称为呼吸运动，胸廓舒张时，将肺向外方牵引，空气入肺，称为吸气运动；胸廓收缩时，肺内空气被排出体外，称为呼气运动。胸廓的舒张和收缩是通过呼吸肌的舒缩活动来实现的，同时构成了肺的通气动力。通过调动不同的呼吸肌进行呼吸，呼吸运动可分为胸式呼吸和腹式呼吸。

1. 胸式呼吸

胸式呼吸是以肋间肌舒缩活动为主的呼吸运动，当肋间肌收缩时，胸廓体积增大，肺随之扩张，这时肺内气压就低于大气压，外界空气通过呼吸道进入肺，完成吸气；反之，当肋间肌舒张时，胸廓体积缩小，肺随之回缩，这时肺内气压就高于大气压，肺内气体通过呼吸道排出体外，完成呼气。

2. 腹式呼吸

腹式呼吸（图 2–11）是以膈肌舒缩活动为主的呼吸运动，当膈肌收缩时，横膈膜下压，腹部隆起，使胸腔的体积增大，肺随之扩张，这时肺内气压将低于大气压，外界空气通过呼吸道进入肺，完成吸气；反之，当膈肌舒张时，横膈膜上升，腹部收缩，使胸腔体积缩小，肺随之回缩，这时肺内气压将高于大气压，肺内气体通过呼吸道排出体外，完成呼气。

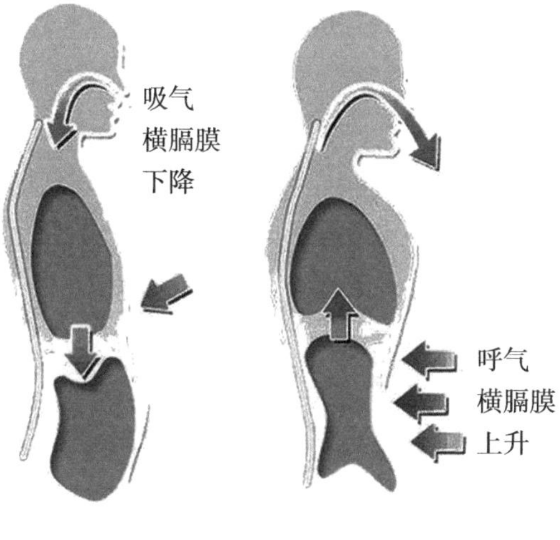

图 2-11　腹式呼吸示意图

三、耳与鼻窦

除呼吸系统中最大的肺部空腔和呼吸道空腔之外，人体的空腔部位还有耳部和鼻窦。而且，耳部和鼻窦空腔比肺部和呼吸道空腔对压力变化的感觉更加敏感，当外界压力发生变化时，耳和鼻窦是人体最先产生生理功能变化和适应性反应的器官。因此，学习潜水，必须要了解人体耳部和鼻窦的结构，并掌握在压力变化时，耳和鼻窦产生的生理反应。

（一）耳

耳（图 2-12）是人体的听觉器官，是声音的接收器，具有辨别振动的功能，能将振动发出的声音转换成神经信号，然后传给大脑。由于耳器官中的鼓膜薄且敏感，所受压力稍有变化，就马上能感觉到。因此，在潜水时，潜水员最先感受到水压变化的部位就是耳部。耳按构造可分为外耳、中耳及内耳三部分。

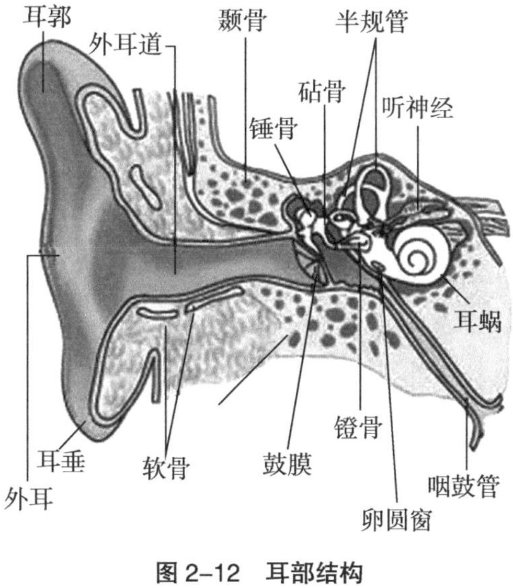

图 2-12　耳部结构

1. 外耳

外耳由耳郭和外耳道两部分组成。耳郭呈漏斗状，具有收集外来声波的作用，其大部分由位于皮下的弹性软骨支撑，下方的小部分在皮下只含有结缔组织和脂肪，叫作耳垂。耳郭通过外耳门与外耳道相连。外耳道是一条自外耳门至鼓膜的弯曲管道，长 2.5~3.5 cm，外耳道靠外部的 1/3 由软骨组成，内 2/3 由骨质构成，软骨部分的皮肤上生有耳毛、皮脂腺和耵聍腺，腺体的分泌物和耳毛可起到阻挡外界灰尘等异物进入的作用。耳郭和外耳道的功能是收集声波，并将声波传导至鼓膜。

2. 中耳

中耳由鼓膜、鼓室、咽鼓管等组成。鼓膜也称为耳膜，位于外耳道末端，为半透明的椭圆形薄膜，呈浅漏斗状，凹面向外，边缘固定在骨上，外耳道与中耳以它为界。鼓膜极薄，厚度约为 0.1mm，经外耳道传来的声波，能引起鼓膜振动，其振动频率与声波的震动频率相同。鼓室也称为中耳室，位于鼓膜和内耳之间，是一个含有气体的小腔，容积约为 $1cm^3$。鼓室是中耳的主要组成部分，里面有 3 块听小骨，它们之间由韧带和关节衔接，组成听骨链，位于鼓膜与内耳的前庭窗（亦称卵圆窗）之间，与鼓膜接触的部分称为锤骨，附着在内耳卵圆窗上的部分称为镫骨，连于两骨之间的部分称为砧骨。当声波引起鼓膜振动时，听骨链连串运动，使镫骨底在卵圆窗上来回摆动，将声波传入内耳。咽鼓管也称为耳咽管或欧氏管，是一条从鼓室前下方通到鼻咽部的细长、扁平的管道，全长为 3.5~4cm，靠近鼻咽部的开口平时是闭合的，只有在吞咽、打呵欠时才开放。咽鼓管的主要作用是使鼓室内的空气与外界空气相通，从而使鼓膜两侧的压力维持平衡，这样鼓膜才能很好地振动。鼓室内气压高，鼓膜将向外凸；鼓室内气压低，鼓膜将向内凹陷，这两种情况都会影响鼓膜的正常振动，从而影响声波的传导。此外，如果外界压力增加时咽鼓管不能正常打开，过高的外界压力将引起鼓膜破裂。

3. 内耳

内耳包括前庭、半规管和耳蜗三部分，是由一系列结构复杂的弯曲管腔组成的，所以又叫作迷路。内耳位于颞骨部内，这一迷路里充满了淋巴。前庭是位于迷路中部略呈椭圆形的空腔，所以与中耳镫骨相邻的前庭窗也被称为前庭窗。前庭内有椭圆囊和球囊，前庭的后部有 5 个小孔与 3 个半规管相通，前部有一大孔连通耳蜗。半规管一共有 3 个，其形状大致相似，每个半规管约占 2/3 圆周。我们通常将前庭的椭圆囊、球囊和 3 个半规管统称为前庭器官。前庭器官是位置感受器的所在处，与身体的平衡有关，前庭可以感受头部位置的变化和直线运动时速度的变化，半规管可以感受头部的旋转变速运动，这些感觉传递给中枢后，就会引起一系列反射来维持身体的平衡。耳蜗形如蜗牛壳，为一条螺旋形骨质管道，是一个盲管。骨性蜗管的外缘联结基底膜，基底膜上有听觉感受器，称为柯蒂器官，又称为螺旋器。柯蒂器官主要由支持细胞与具有纤毛的听觉细胞（即毛细胞）组成，毛细胞对机械刺激敏感。听神经的末梢纤维呈网状绕于毛细胞上。耳蜗是听觉感受器的所在处，与听觉有关，可以将所接收的镫骨振动通过听神经传入大脑。

（二）鼻窦

鼻窦（图 2–13）是隐藏在鼻腔周围的 4 对含气的骨质空腔，分别位于额骨内的额窦、眼眶下面鼻腔两旁上颌骨内的上颌窦、鼻腔上部的两侧筛管内的筛窦、以及鼻腔后方蝶骨内的蝶窦。这些鼻窦在正常情形下应该是充满空气的，而且每对鼻窦都有一根细管与鼻腔相通。鼻窦的主要功能是调节吸入的空气的温度和湿度，并保护人的面部，支撑头颅内部、减轻头颅重量，提供了发声时的共鸣腔等，同时调节鼻道内的压力、湿度，辅助嗅觉，其分泌物还可阻挡病菌的入侵。

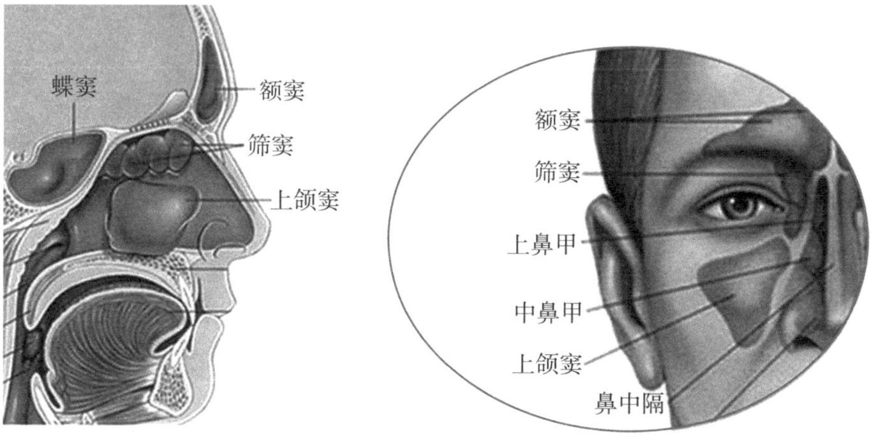

图 2–13　鼻窦的结构

四、压力对人体空腔的影响

人体的空腔部位，皆会因空腔内外压力的改变而发生不同程度形变，进而产生一系列的生理反应。在潜水过程中，最易造成生理反应的空腹部位是鼻窦、耳部和肺部。根据波义耳定律，在下潜过程中，随着水压升高，鼻窦、耳部和肺部空腔的体积会不断缩小，潜水员最初的生理反应是疼痛，这些空腔虽然会发生变形，但在可承受压力范围内，一般不会造成病理性伤害。可是，如果这些空腔因所承受的压力过大，其变形超过人体自身生理承受极限，则会造成不同程度的病理性伤害，比如，耳膜穿孔、鼻窦挤压伤、肺部损伤等。

（一）对鼻窦的挤压

在正常情况下，鼻窦与鼻腔之间相通的管道是开放的，这样鼻腔所受到的外界压力与鼻窦内的压力始终相同，即使外界压力发生变化，鼻窦空腔也不会产生形变，人体也就感受不到因外界压力的变化所引起的鼻窦生理反应。但是，如果鼻窦与鼻腔之间相通的管道因某种原因发生堵塞，当鼻腔所受到的外界压力发生变化时，鼻窦空腔内的压力就无法与外界压力保持平衡，使得鼻窦空腔在外界压力的作用下变形，人体就会因鼻窦挤压而出现生理反应。轻微鼻窦挤压的生理反应是鼻窦部位产生疼痛感，严重的鼻窦挤压则会造成病理性鼻窦挤压伤。

事实上，窦的黏膜与鼻黏膜相连，鼻腔黏膜发炎常会波及窦腔黏膜，使之发生炎症。因而，患伤风感冒或受邻近病灶感染而使鼻黏膜发炎肿胀时，很可能会造成鼻窦与鼻腔之间的管道发炎肿胀或产生黏液，甚至堵塞，使其开口受阻，引流不畅，进而引起鼻窦发炎，鼻窦中的压力无法和外界压力平衡，最终造成挤压疼痛。其中额窦最易出现挤压症状。

（二）对耳部的挤压

人的耳部对外界压力的变化非常敏感，即使极为微小的改变，耳部都可以感受到。这是因为耳部的鼓膜非常薄（约 0.1mm），而且鼓室空腔的容积又非常小（约 $1cm^3$），因此，鼓膜分隔开的外耳道空腔与鼓室空腔之间（即鼓膜内外）如果产生微小的压力差，也会使鼓膜发生形变，造成耳部出现相应的生理反应。如果鼓膜内外的压力差比较微小，仅会影响了鼓膜的正常振动，人体的生理反应是听力受到影响；如果鼓膜内外的压力差比较大，除了会影响鼓膜的正常振动外，还会累及固定鼓膜四周的韧带，引起耳部疼痛的生理反应；如果鼓膜内外的压力差过大，还会造成鼓膜破裂的病理性损伤。

显然，要消除因鼓膜内外压力差而引起的耳部生理反应，就要使外耳道空腔与鼓室空腔两者之间的压力保持平衡，即外界压力与中耳内的压力相平衡即外界压力与中耳内压力相平衡。实现这种平衡，就要依靠从鼓室连通到鼻咽部的咽鼓管。咽鼓管的主要功能是引导鼻咽部气体进入鼓室，以维持鼓膜两侧的压力平衡。咽鼓管在靠近鼻咽端的开口端，平时呈闭合状态，只有张口、吞咽、打呵欠或咀嚼时，由于咽肌收缩，咽鼓管的鼻咽端开口才会瞬间开放，以此调节鼓室内的压力，从而保持鼓膜两侧压力的平衡。

（三）对肺的挤压

肺主要由不断分叉的支气管及其最小分支末端膨大形成的肺泡构成，支气管各级分支之间以及肺泡之间的间质内含有丰富的毛细血管、淋巴管、神经以及弹性纤维等。这些众多的支气管各级分支和肺泡的微小空腔共同形成一个大的肺部空腔，如果保持口鼻紧闭，则会形成一个封闭的空腔，将气体封闭在肺内。我们可以把肺想象成一个充满空气的气球，当外界压力逐步增大时，肺部空腔因受压而逐渐缩小，当肺被压缩到一定程度时，就会出现疼痛感，如果外界压力过大，超过肺部所能承受的生理极限，则有可能造成支气管及肺泡间质内毛细血管破裂，出现肺部出血的情况。

五、哺乳动物潜水反射

胎儿浸泡在母亲“羊水”中开启了生命最初的10个月，因此人类具备与生俱来的“适水性”。虽然人类已经完全进化成陆生生物，但人类的基因中还留存着祖先“适水性”的某些基因片段，其中一个现象就是哺乳动物潜水反射（Mammalian Diving Reflex，MDR）。

哺乳动物潜水反射是指，当包括人类在内的所有哺乳动物潜入水中时，为了更好地适应水中环境而被激发出来的一系列生理反应。哺乳动物潜水反射可以帮助哺乳动物提升潜水表现，如延长潜水时间、增加潜水深度等，这一特性在水生哺乳类动物中体现得尤为明显，如鲸鱼、海豚、海豹等。生理学家曾经做过一个实验，让同一组潜水员分别在水中环境和高压舱空气环境中屏气，最终结果是同一受试者在水中屏气的时长远远超过了其在高压舱中的屏气时长，由此证明潜水反射现象可以极大地提高哺乳动物在水中的屏气时间。科学家曾根据波义耳定律断言，30m 水深是人类屏气潜水不可逾越的极限，超过这个深度人的肺部将会爆裂，但如今人类已经将屏气下潜深度提高到了 130m，事实表明，正是潜水反射现象极大地提高了人类的屏气潜水深度。

哺乳动物潜水反射所表现出的生理反应主要为血液循环的改变，以及由此产生的副作用。

（一）血液循环的改变

我们知道，人体中氧气的流动和交换是以血液循环的方式来实现的。潜水反射现象提高人在水中的屏气时长和潜水深度，是通过提高氧气的利用率并增强人体空腔部位的抗压能力来实现的。因此，潜水反射所表现出的生理反应就是为了适应水中环境而产生的血液循环状态的改变。

1. 心率降低

潜水反射首先表现出的生理反应是心率降低。当人将脸部浸入水中后，分布在鼻腔内侧、脸部及眼睛周围的水环境感应器官就会自动向脑部自主神经系统发射信号，导致心率减缓以及末梢神经血管的收缩。心率降低可以减缓人体新陈代谢的速度，从而减少各组织器官的耗氧量，这将会大大延长人类在水下的屏气时间。潜水反射所表现出的心率降低还有一个特点是，水温越低，心率降低越明显。对于长期进行屏气训练的自由潜水员来说，在水下环境心跳可降低 50%，甚至更多，这不仅降低了身体新陈代谢的速度，有利于屏气时间的延长，同时也有较好的放松效果。

2. 末端血管收缩

潜水反射的另一个生理反应是末端血管收缩。在水中屏气时，由于人体的供氧量不足，体内的血液就会自动重新分布，其办法是收缩末端血管，使原本分布在四肢等对维持生命不重要的器官中的血液回流到对维持生命相对重要的大脑、心脏及肺等内脏器官，以保证人体的核心器官供氧量充足，有效地延长机体在水下的生存时间。1987 年有一则新闻报道极好地证明了潜水反射所表现出的末端血管收缩对延长机体在水下生存时间有着神奇效果。一个男孩掉进冰封的水下，直到 45 分钟后才被打捞上来，但经过抢救，他竟然奇迹般地活了下来，男孩的大脑完好无损，且没有留下任何后遗症。

3. 血液转移

潜水反射的血液转移现象也是由于末端血管收缩。末端血管收缩促使血液回流到大脑、心脏、肺等核心器官时，肺部的支气管及肺泡间质内毛细血管会因大量充血而膨胀；与此同时，末端血管收缩也会促使体内大量的血液转移到胸腔，使得胸腔部位的血管膨胀。胸腔部位血管的膨胀和肺部因大量充血的膨胀，填充了胸腔部位的空间，从而对胸腔起到了支撑保护的作用，使其能够承受更大的外界压力。因此，潜水反射的血液转移现象极大地提高了潜水员肺部和胸腔的抗挤压能力，是人类可以进行大深度屏气潜水的重要原因。否则不断增大的水压就会对肺部和胸腔造成伤害。

4. 脾脏收缩

脾脏收缩是潜水反射的又一生理反应。脾脏的一个重要功能是储存血液，是储存血细胞的仓库。脾的组织中有许多被称为“血窦”的结构，平时在人体处于静息状态时，有一部分血细胞浓集的血液储存在这些血窦中，当人体处于运动、失血、缺氧等状态时，人体的自主神经系统就会刺激脾脏收缩，将血细胞浓集的血液由血窦释放，参与血液循环，从而增加血液循环的血容量。在屏气潜水时，由于人体停止了与外界的气体交换，机体很快就会处于缺氧状态，从而刺激了脾脏收缩，使含有大量血细胞的血液释放到循环血液之中，而更多的血细胞就意味着血液中含有更多的氧气运输细胞，血液循环输送氧气的效率就会大大增强。有研究表明，潜水反射脾脏收缩使血液中血细胞浓度增加的这一生理反应，有时甚至会持续很长时间，有的潜水员在进行屏气潜水后的数天内，血液中的血细胞浓度仍比平时高。

（二）潜水反射产生的副作用

哺乳动物潜水反射现象在调节血液循环状态的同时，必然会影响人体的一些正常代谢功能。因此，潜水反射也会产生一系列副作用。

1. 多尿

当产生潜水反射生理反应时，末端血管收缩、血液转移和脾脏收缩，会导致人体血液循环中的血流量明显上升，这时人体就会误认为是循环系统血量过多，需要排出一些身体中的液体以达到平衡，从而导致了血液中的水分被更多地排出，尿液随之增多。因此，多尿是潜水反射所产生的一个副作用，会造成潜水员在潜水过程中总想排尿。

2. 肌肉疲劳

当产生潜水反射生理反应时，由于末端血管的收缩，血液从人体的四肢向胸腔转移，人体四肢的肌肉因缺氧转为依靠无氧呼吸，而无氧呼吸会产生乳酸，当肌肉中的乳酸大量堆积时，就会感觉肌肉疲劳。因此，肌肉疲劳也是潜水反射所产生的一个副作用，潜水员在潜水过程中会感到四肢无力、肌肉酸痛，甚至在结束潜水后的很长时间都会有肌肉酸痛感。

（三）潜水反射对自由潜水的影响

综上所述，哺乳动物潜水反射在很大程度上解决了人体在水下闭气时所面临的物理和生理问题。如果没有潜水反射，人类可能连 30m 水深都无法突破。因此，潜水反射对自由潜水的影响是显而易见的，他延长了潜水的时间，使下潜的深度更深。

1. 潜水反射对自由潜水的促进作用

潜水反射使人体血液循环系统发生的生理反应，对自由潜水具有促进的作用，其主要体现在两个方面。

（1）潜水反射通过减缓人体的新陈代谢和减少对非核心器官的供能，极大地降低了人体的耗氧量，显著提高了人体对氧气的利用率，从而延长人类在水下的时间。

（2）潜水反射通过将大量的血液转移，极大地提高了人体肺部和胸腔的抗压能力，肺部不会因承受过高的水压而造成病理性损伤，胸腔也不会因承受过高的水压而造成肋骨骨折等致命性伤害，从而使人类可以潜入更深的水下。

因此，显著延长屏气时间和极大地提高下潜深度，是潜水反射现象对自由潜水起到的促进作用。

2. 潜水反射对自由潜水的不利影响

潜水反射的一系列生理反应现象，在给自由潜水带来促进作用的同时，也会产生一些不利影响，主要体现在两个方面。

（1）潜水反射产生的多尿现象，会导致潜水员血液中的水分被过多地排出，从而脱水。此外，四肢肌肉的无氧呼吸作用造成肌肉中的乳酸大量堆积，机体为了尽快将肌肉中的乳酸排出，就更加需要水分，从而使脱水更加严重。

（2）潜水反射产生的肌肉疲劳现象，会导致潜水员在潜水过程中感到四肢无力，造成潜水员的运动能力显著下降，严重时甚至可能危及生命。由于多尿的副作用，潜水员机体中的水分流失，不利于排出肌肉中的乳酸，导致肌肉疲劳现象更加严重。

因此，在自由潜水中，为了尽量降低潜水反射的不利影响，在进行自由潜水活动之前，潜水员要注意补足水分，从而减小机体在潜水过程中发生脱水的可能性，以及尽量减轻肌肉疲劳。

此外，相对于其他哺乳动物，人类的潜水反射现象产生得比较慢、强度也比较低。但是，如果经常进行屏气潜水训练，则人类的潜水反射现象被触发的速度会更快，强度也会更强。有趣的是，很多训练有素的自由潜水运动员在嗅到潜服的味道后，便开始有憋尿的感觉了。

第三节　自由潜水心理学概述

当我们身处与熟知和习惯的陆上环境截然不同的水中时，需要面对水中环境所带来的物理、生理等方面的变化，在这个过程中，我们的心理也会发生一系列变化，从而造成情绪状态上的改变。因此，在自由潜水中，潜水员不仅是在生理功能方面会产生一系列的适应性反应，也会因环境的物理变化、生理的适应性反应等产生一系列心理方面的适应性反应。同样，如果心理方面的适应性反应超过人体所能承受的极限，也会给身体带来不适，甚至可能造成更严重的后果。因此，为了更加安全地进行自由潜水活动，潜水员也要对心理学基础及人的心理状态在水下环境中发生的变化有相应的了解。

一、应激

在心理学中，应激指的是人体因危险的或出乎意料的外界情况变化所产生的刺激而引起的一种情绪状态，它是决策心理活动中可能产生的一种心理因素。在应激状态下，不同的人可能做出不同的反应，有的活动积极，思维敏捷、清晰，有的活动则受到抑制或完全紊乱，甚至可能发生感知或记忆的错误，做出与自己的目的相反的行动。

（一）概念

应激在有些心理学教科书中亦被称为“压力”或“紧张”，指机体遇到干扰自己平衡状态或超越自己应对能力的刺激事件时，所表现出的特定的或非特定的反应过程，可以理解为个体身心感受到威胁时的一种紧张状态。

应激是一个十分复杂的心理、生理过程，人体发生应激既有其积极的作用，也有其消极的一面。应激的积极作用在于能使机体具有特殊防御排险机能，使人精力旺盛、激发活力，使思维特别清晰、准确，动作机敏，帮助人化险为夷，及时摆脱困境，这对于随机决策、应变决策、应急决策、风险决策等决策心理活动过程是有利的。但紧张而又长期的应激也有其消极的一面，会使人的注意和知觉的范围缩小、言语不规则或不连贯、行为动作紊乱等，甚至可能导致毁灭性的后果。

应激由应激刺激、认知评价和应激反应组成（图 2–14）。

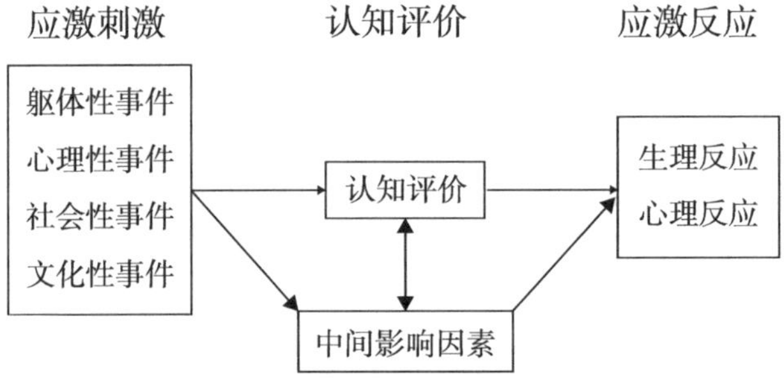

图 2–14　应激结构示意图

（二）应激刺激

应激刺激也被称作应激源，是指能引起应激的各种刺激因素的总称。应激源不仅是突如其来、出乎意料的事件，凡是对人有重要意义的生活事件都可能成为引起机体紧张状态的应激源，即应激刺激可以来源于躯体、心理、社会和文化方面的诸多因素，也就是说，应激刺激可以来自躯体性事件、心理性事件、社会性事件或文化性事件。如高考、谈恋爱、找工作、伤病、比赛等生活中的重大事件，都可能对我们平时的应对能力形成挑战，使我们感到难以应对，因而造成应激。心理学研究表明，刺激因素若具备超负荷、冲突和不可控制性三个基本特点，就可能成为一个应激源，其中超负荷指的是刺激的强度超过人体的正常承受水平；冲突指的是刺激因素引起人体难以抉择的两种或两种以上的矛盾情境；不可控制性是指刺激因素不随人的行为而变化和转移。应激刺激既可能是内在的刺激因素，也可能是外在的刺激因素。如，肠胃不适是典型的内在应激刺激，感到寒冷是典型的外在应激刺激。

在自由潜水中，导致潜水员产生应激的因素同样也可能是来自多个方面，如水下物理环境的改变、潜水装备的异常、遇见未知的水下生物等外部因素，或身体不适、生理反应、心理压力、潜水技能掌握和运用的熟练程度等内在因素，甚至诸如陌生的潜水地点、阴沉的天气、新换的潜伴、不同性格的潜水教练或潜导等各种在平时看起来不是很重要的因素，都有可能对潜水员造成应激刺激，影响其在潜水过程中的应对能力。

（三）认知评价

认知评价是指个体从自己的角度对遇到应激刺激的性质、程度和可能的危害做出估计，同时也指对面临应激刺激时可动用的资源的估计。因此，应激的刺激不能直接地引起应激，在刺激与应激之间还存在个体认知评价的水平，而个体认知评价的水平还会受到个性特征、应对方式、社会支持，及人体健康、生活经验、应付能力、信念等诸多中间因素的影响，这些中间因素均可对个体认知评价水平起到调节作用。我们经常看到，遇到相同的应激刺激时，不同人的反应往往不同，这是因为诸多中间因素的影响使不同个体的认知评价存在差异。如面对比赛失败，有人捶胸顿足或暗自伤神，有人却坦然面对或冷静总结，有人从此精神颓废或一蹶不振，而有人却从此发愤图强或卧薪尝胆。因此，对应激刺激和资源的认知评价直接影响个体的应对活动和身心反应，是应激刺激是否会造成个体应激反应的关键因素。

当人面对应激刺激时，在做出任何实际的应激反应前，首先会对应激刺激的性质进行评价。如果觉察到某一事件或情境具有威胁性，可能造成伤害或挫折，那么，该事件或情境便可诱发应激。例如，自由潜水员在泳池进行动态有蹼训练时，周围有很多人在游泳或自由潜水员将要在一个不熟悉的环境进行训练时，对于自由潜水员来说这些都是具有潜在威胁的应激源。如果潜水员将一个因素看作是危险的或是有威胁的，那么，不管这一危险是否客观存在，都将导致潜水员应激并产生相应的应激反应。法国著名的自由潜水大师翁贝托·佩利扎里曾说："水肺潜水员潜水时向外看，而自由潜水员潜水时则向内看。"所谓"向内看"，正是指每个个体的主观认知。

应激反应在强度上的差异和随时间产生的变化受到主观对威胁的感知的影响。所谓威胁，是指可能产生的危险或可能造成的伤害，有可能是生理性的，如做闭气恒重有蹼训练时，突然听到周围船只的轰鸣声；也可能是心理性的，如难以掌握技巧而导致自尊受挫。大多数人都会将客观上具有危险性的应激刺激评价为带有威胁的刺激。但是，由于个体的应对能力、技能水平及早先在相似情境中的经验等方面的不同，由特殊应激刺激诱发的思维和记忆也会不相同，因而面对同样一个应激刺激，有的人会觉得是个威胁，有的人认为是一种挑战，而有的人则可能认为与自己无关。例如，学员初次在开放水域进行自由潜水，更多感受到的是威胁或是挑战；而对于教练员来说感受到的则可能是无聊。

对威胁的认知评价有两个特点：一是定向于将来。一般来说，它与个体对尚未发生但可能造成伤害的事件的预判有关；二是受知觉、思维、记忆和判断等参与评价的心理过程的调节。把当前或将来的事件评价为威胁是产生应激反应的一个重要因素，这种应激反应可促使一个人采取避免受到伤害的行为。特别需要指出的是，即便没有客观危险，但只要将事件或情境认定为具有威胁，就足以传送出产生应激的关键信息，导致应激反应发生。

（四）应激反应

当个体受到应激源的刺激，并经过认知评价察觉到刺激后，就会产生应激反应，从而引起个体心理与生理上的变化。这些变化是由认知评价的结果决定的。也就是说，应激反应是指由各种应激刺激引起的个体非特异性反应，即机体对应激刺激做出的适应性变化。因此，应激反应即应激的表现形式，也是其客观测量的指标，可以直接体现个体产生应激的程度。

应激反应包括生理性反应和心理性反应两大类。

1. 应激的生理性反应

应激的生理性反应是指在应激条件下人的机体所表现出的生理变化，一般表现为人的交感神经兴奋、垂体和肾上腺皮质激素分泌增多、血糖升高、血压上升、心率加快和呼吸加速等，如肠胃不适后产生的呕吐是应激的生理性反应表现。

一般来说，应激生理性反应的广度和强度，受个体对应激刺激的主观感受强度和应激刺激的延续时间的影响。若主观感受强，且刺激持续时间足够长，则可引起机体所有组织和系统的反应，特别是神经系统、内分泌系统和免疫系统及与其相联系的器官和组织，这种反应实际上是为机体对抗应激提供生物能量。但如果应激生理性反应过于强烈且持续时间过长，机体则有可能进入衰竭状态，出现生理功能紊乱，甚至造成疾病。

当机体感受到应激刺激时，自主神经系统会调节身体各器官的活动，人体的内脏、器官会发生一系列变化。大脑中枢接受外界刺激后，将该信息传至下丘脑，分泌促肾上腺皮质激素释放因子，激发脑垂体分泌促肾上腺皮质激素，使身体处于充分动员的状态，呼吸加快加深、心跳加速、血管收缩、血压升高，以及体温、肌肉紧张度、代谢水平等都发生显著变化，从而增加了机体活动力量，以备应付紧急情况。除这些内部变化外，人体喉咙和鼻子的肌肉会更放松，使更多的空气进入肺部。另外，应激刺激也会让面部表情更加夸张。应激刺激信息还会影响平滑肌，中止某些相对不太重要的身体功能，以提高机体对应激刺激的对抗能力。例如，运动员在比赛过程中很少会有饥饿的感觉，就是因为对运动不太重要的消化作用此时已被中止。

在应激生理性反应过程中，人体的自主神经系统会促使肾上腺分泌肾上腺素和去甲肾上腺素。这两种激素会激发身体的其他器官执行对抗应激刺激的特殊功能，如使脾脏释放较多的血细胞，这样在身体受伤时，血液可迅速凝结；使骨髓制造更多的白细胞，以抵抗感染；使肝脏制造较多的血糖，以增加身体能量等等。

一般认为，肾上腺素在恐惧反应中起重要作用，而去甲肾上腺素则与愤怒反应有密切联系。

除此之外，人体的自主神经系统还会刺激脑下垂体促进内啡肽的分泌，这些肽类物质，有与吗啡类似的镇痛作用，可以降低人体的疼痛程度。例如，如果运动员在激烈紧张的比赛中受伤，疼痛感会因为内啡肽的镇痛作用而降低。显然，这有助于运动员带伤坚持战斗。当然，过度使用这种应激反应，有可能造成伤情加重。

2. 应激刺激的心理性反应

应激的心理性反应是指在应激条件下个体所表现出的心理变化，包括情绪上的、行为上的及认知上的改变，例如，噪声导致的心绪不宁是应激的心理反应表现。

相对于应激的生理性反应来说，应激的心理性反应更容易受到认知评价的影响，在很大程度上取决于个体的个性特征、应对方式、社会支持及健康状况、生活经验、应付能力、信念等诸多中间影响因素。在正常情况下，我们对应激的生理性反应不具备意识上的控制能力。但是，应激的心理性反应则不同，我们可以通过后天的学习、训练以及经历和经验等调节甚至改变应激心理性反应的表现，提高我们应对应激刺激的能力。

应激的心理性反应可大致分为情绪反应、自我心理防御反应和行为反应三个部分，它们互相之间具有密切的联系。

（1）情绪反应：应激刺激可诱发多种积极的和消极的情绪反应。积极的情绪反应包括愉快、振奋、高昂、积极、自信等，但更常见的是消极的情绪反应，包括暴躁、愤怒、恐惧、焦虑、忧郁、沮丧、内疚、无助等。例如，在激烈紧张的比赛中，运动员可能会被某种应激刺激激发出积极的情绪反应，从而以愉快、振奋、高昂的心态和积极、果断的行动投入到比赛之中，这无疑对取得好成绩是极为有利的；反之，运动员也会因为某种应激刺激导致消极的情绪反应，产生沮丧、焦虑、急躁的心态，甚至是愤怒、暴躁、恐惧的极端消极心态，使得运动员不能正常发挥自身应有的运动技术水平，难以集中精力进行比赛。

（2）自我心理防御反应：自我心理防御反应指的是个体在应对应激时，其心理活动中自觉或不自觉地解脱烦恼、避开干扰、减轻内心不安，从而恢复情绪平衡与稳定的一种适应性倾向。自我心理防御反应具有积极和消极两种作用机制，其积极作用机制是起到了暂时缓解痛苦和不安的作用，而消极作用机制在于它仅仅是一种“自我欺骗”，真正的问题并没有解决。例如，当潜水员在潜水过程中突然遇见某个未知的生物时，由于不知道该生物是否会对自己发起攻击，因此会不由自主地产生自我防御心理反应，如果观察到生物并未对自己发起攻击，潜水员恐惧、紧张的情绪就会逐渐平复，从而得出这种生物对自己没有伤害性的结论。但实际上，这种未知的生物究竟是否属于危险生物、是否会对潜水员造成伤害等疑问并没有得到解决。

（3）行为反应：行为反应常与情绪反应有密切的联系，主要表现为攻击和退缩，按应对方式可分为问题应对和情绪应对两类。问题应对表现为个体自认为有能力改变所面临的处境或压力，从而敢于挑战面对的情况；情绪应对表现为个体自认为无力改变所面临的处境或具有威胁性的环境，从而承受巨大的心理压力，造成逃避问题、消极应对的结果。大多数情况下，选用问题应对或情绪应对会产生不同的结果。例如，在体能消耗很大的比赛中，积极的情绪反应可以激发运动员敢于挑战极限的行为，从而最大限度地动员和集中身体能量，对抗体能消耗带来的困难，有利于取得好成绩；反之，消极的情绪反应可能造成运动员逃避、冷淡、放弃、无动于衷的行为反应，消极应对体能消耗带来的困难，这将直接影响运动员的体能状态的调整和身体能量的进一步调动，导致比赛成绩下降。这对于体能性运动项目（如长跑、自行车、游泳）以及体能和技能相结合的运动项目（如足球、篮球）尤其关键。

应激的心理性反应可以促使个体提高警觉程度，集中注意，对环境线索更加敏感。在运动竞赛中，如果这种效应促使个体将注意指向任务相关信息，如对手反应，则能促进运动操作；但如果这种效应导致个体将注意指向任务无关信息，如观众反应，则会妨碍运动操作。应激的心理性反应还可以促使个体缩小注意范围，应激刺激越强烈，这种效应就越明显。因此对于信息加工量较小的运动项目（如长跑、游泳）或非对抗性运动项目（如举重）而言，这种效应可能促进运动操作；而在信息加工量较大的运动项目或对抗性项目（如足球、篮球、排球）中，由于运动员需要同时注意和分析多个对手、多个队友的位置和移动及其与球和场地的关系等，如果应激刺激引起运动员过强的心理性反应，而导致注意范围的过度缩小，则可能阻碍运动操作。

综上所述，无论应激反应是生理性的还是心理性的，适当的应激反应对人有积极意义，可以提高人的警觉性、增强身体的抵抗和适应能力，也可以增进工作和学习的效果。但是，如果应激反应过于强烈和持久都将对人体有害。

二、自由潜水中常见的应激反应

由于自由潜水活动是在水环境中进行的，因此，潜水员的应激生理性反应是必然存在的，其不仅受到各种不同的应激刺激的影响，而且与自由潜水员自身条件密切相关，因此自由潜水心理训练就显得格外重要。

（一）自由潜水时的应激源

自由潜水过程中的应激源很多，既有潜水环境、潜水装备、水下生物等诸多外部因素，也有生理、心理、潜水技能等诸多内部因素，以及潜点、天气、潜伴、教练员或潜导等各种综合因素。在一般情况下，我们可以将自由潜水时常见的应激源概括为身体、心理、装备、环境、技巧和训练五个方面。

1. 身体因素

在自由潜水中，涉及身体因素的应激源主要包括饱食、口渴、身体空腔堵塞、疲劳、肌肉痉挛、晕船、身体温度过高或过低等。

（1）饱食会增加肠胃负担，引起身体不适，导致闭气时间缩短。因此，在进行屏气训练时，应尽量保持空腹。

（2）口渴意味着身体水分显著降低，严重者甚至脱水。值得注意的是，潜水反射副作用的多尿现象，会导致潜水员血液中的水分被过多地排出，引起脱水现象。此外，身体水分的缺失，不利于排出肌肉中的乳酸，容易造成肌肉疲劳。因此，自由潜水员在潜水过程中应重视水的补充。

（3）身体空腔堵塞会导致鼻窦、中耳等身体空腔的压力失衡，造成生理上的疼痛感，无法完成下潜。

（4）疲劳会显著降低自由潜水员的屏气时间，同时增加发生意外的风险。尤其要指出的是，潜水反射副作用产生的肌肉疲劳现象，会导致潜水员在潜水过程中感到四肢无力，运动能力显著下降，极易发生危险。所以，在自由潜水中，潜水员一旦出现疲劳现象，必须及时终止潜水活动，不可再勉强训练。

（5）肌肉痉挛会极大地增加自由潜水员发生危险的可能性。肌肉疲劳、水分缺失及长时间浸泡和日晒导致体内维生素和矿物质大量流失，都有可能造成肌肉痉挛。

（6）晕船会让自由潜水员产生眩晕的感觉，甚至导致呕吐，这种生理上的不适会大大降低自由潜水员的屏气时间。

（7）穿着不合身的或不符合环境温度要求的潜水服，会造成自由潜水员的体温过高或过低，从而为维持体温而消耗大量的水分或能量，这也会大大降低屏气时间。

2. 心理因素

自由潜水员心理压力的应激源主要包括目标设置不合理、认知不合理及无法集中注意力三个方面。

（1）目标设置不合理是指在自由潜水比赛或训练时，潜水员所设置的屏气目标大大超越自身具备的能力，这会对自由潜水员造成较大的心理压力。例如，静态屏气时间最好为 5min 的自由潜水员，在比赛时却要挑战静态屏气 7min，这会给潜水员造成较大的心理负担，从而不利于其发挥。

（2）认知不合理指的是由于自由潜水员缺乏自由潜水相关知识或因一些不正确的认知而产生的心理压力。值得注意的是，自由潜水相关知识的正确认知，不是只来自学习、培训或训练，更多的是在长期的实践中不断地积累相关经验。

（3）注意力无法集中指的是自由潜水员将自身的负面情绪、担忧以及一些生活中的困难带入自由潜水活动中，从而产生心理压力，使其在自由潜水过程中无法保持注意力集中。无法集中注意力不仅不利于自由潜水员技能水平的正常发挥，而且可能会造成重大潜水事故。

3. 装备因素

在自由潜水中，装备对自由潜水员产生应激刺激的主要因素有装备的质量问题、尺码问题、穿戴舒适性问题等。例如，自由潜水员佩戴劣质或尺码不合适的面镜，造成在潜水过程中面镜不断进水；穿着尺码不合适的脚蹼，导致脚部压迫疼痛、磨脚、脚蹼容易脱落等不适感；穿着过紧的潜水服使身体过度束缚等。这些因素均不利于自由潜水员的屏气表现，同时会降低运动能力。

4.环境因素

天气、波浪、水流及水温等环境因素会对自由潜水员的体能消耗产生影响，同时对其心理也会有一定作用，形成应激刺激。因此，当潜水场地出现恶劣的环境变化时，理智的自由潜水员应该及时停止所有自由潜水活动，以避免发生潜水事故，同时这也是负责任的表现。特别要强调的是，陌生的潜水环境很容易成为应激源，对自由潜水员造成心理压力。

5.技巧和训练不足

技巧和训练不足指的是当自由潜水员尚未完全掌握潜水技巧，或者掌握情况较差时，他们会对整个潜水过程产生不好的体验，从而形成应激刺激。例如，自由潜水员没有掌握较好的脚蹼踢动技巧，会降低其在水中活动效率；耳压平衡技巧掌握得不熟练会使其产生生理上的不适感，造成下潜不顺畅。因此，熟练掌握基本的自由潜水技巧是参与自由潜水活动的基础。

（二）恐慌障碍

恐慌障碍又称为惊恐障碍，简称恐慌，是一种急性的焦虑障碍，产生恐慌时，人的自主神经功能会出现紊乱，刺激心脏和其他器官，使其过度活动。具体表现有极度害怕、呼吸困难、严重的心悸、出汗、震颤、胸痛憋闷、疲劳和头晕等。恐慌症状发作者的反应往往与窒息相似，表现为惊慌失措、紧张不安，甚至出现不真实感。是当人们感到无法控制局面时，会产生强烈的濒死感、失控感或大难临头感。许多经历恐慌的人会因为换气过度（呼吸太快或过分用力，超过实际需要）而使问题更加严重。

在自由潜水中，恐慌出现的原因通常是遭遇到某种被缺乏经验的潜水员认为是很严重的刺激，例如，被异物缠住、装备出现问题或受到某种未预料到的水下生物的惊吓等。当潜水员遭遇状况发生过快且不合理时，恐慌就可能出现，并伴随不合理的行为。当然，恐慌的出现是相对的，例如，如果潜水时面镜丢失，对于有经验的潜水员来说并不会感到恐慌；而初学者则很有可能产生恐慌心理。最近的研究显示，恐慌或近似恐慌可以解释很多潜水事故及某些潜水员死亡的原因。调查显示，有一半以上的潜水员在潜水过程中有过至少一次短时间恐慌或近似恐慌的经历。

恐慌的产生通常不是由单个应激刺激所导致的，而至少由两个应激刺激共同作用。例如，潜水时面镜进水与肌肉痉挛同时发生，在水下很可能引发自由潜水员的恐慌。因此，在平时训练时，掌握必需的潜水技巧，提高应对意外情况的能力，是避免恐慌发生的前提。

值得注意的是，恐慌并不只出现在经验不足的潜水初学者身上。实际上，一些具有数百次潜水经历且有丰富经验的潜水员有时也会遭遇不明原因的恐慌。在相关案例中，一般认为，恐慌的出现往往是因为潜水员看不到熟悉的事物、迷失方向和知觉丧失。

本章复习思考题

1. 物质有哪几种基本形态？
2. 空气由哪些成分组成？它们在空气中的含量分别是多少？
3. 浮力状态有哪几种形式？
4. 潜水时，压力对潜水员的身体有何影响？
5. 通过调动不同的呼吸肌进行呼吸，呼吸可分为几种形式？
6. 压力对人体空腔有哪些影响？
7. 潜水反射对自由潜水有哪些积极影响？
8. 潜水反射对自由潜水有哪些消极影响？
9. 自由潜水员对应激刺激的心理性反应有何特点？
10. 自由潜水时应激源受哪几方面因素影响？

第三章 >>> CHAPTER 03

自由潜水装备

潜水装备在自由潜水活动中具有极为重要的作用。与水肺潜水相比，自由潜水装备结构更简单，种类及数量也较少。尽管如此，这些装备仍然是不可或缺的。自由潜水装备不仅为自由潜水员更好地发挥潜水技能和提高潜水运动能力提供了条件，而且为安全潜水提供了基本的保障。要成为一名合格的自由潜水员，除了必须学习和掌握自由潜水基础理论知识和潜水技能外，还要全面了解自由潜水装备的性能和作用，并在实践中熟练了解和运用自由潜水装备。

第一节　自由潜水常用装备

自由潜水常用装备包括基本装备和安全装备两大类。自由潜水基本装备由面镜、呼吸管、脚蹼、潜水服和配重等组成；自由潜水安全装备由潜水电脑、水面浮标、导潜绳和安全绳等组成。

一、自由潜水基本装备

自由潜水基本装备是潜水员进行自由潜水活动时最基本的、不可或缺的穿戴设备。自由潜水基本装备有助于提高潜水员的屏气表现和运动能力，也是缓解潜水员生理和心理应激反应，降低潜水事故发生率的重要硬件因素。

（一）面镜

面镜利用镜片将潜水员的眼部和部分脸部与水隔绝，并形成了一定容积的空腔，空腔内的空气可以让潜水员的眼睛聚焦并清晰地观察水下环境。随着环境压力的增加，面镜空腔内的空气会被压缩，其被压缩的程度与潜水的深度成正比。自由潜水面镜与游泳眼镜最大的区别在于自由潜水面镜有鼻囊，可以盖住鼻子。这种设计有利于平衡面镜内的压力，当自由潜水员下潜到一定深度，面镜内外的压力不平衡时，只需向面镜内呼气，面镜内的空气压力和面镜外的水压就可以平衡，从而避免了造成眼部的气压伤。

自由潜水面镜比水肺潜水面镜的空腔容积小，这是因为，一方面由于屏气时肺部的空气储存量有限，因此要尽量节省用气量，将肺部储备的气体用于供能和平衡耳压，使用空腔容积小的面镜，可以减少下潜时用于平衡面镜与周围环境压力的空气量；另一方面，较小的面镜空腔容积，可以使潜水员更容易保持面镜压力的平衡。

另一方面，面镜空腔容积的大小与面镜视野宽度有着密切的关系，面镜的容积越大，其视野越宽；反之，面镜的容积越小，其视野越窄。因此，在自由潜水时，选择低容积还是大视野，自由潜水员需根据潜水活动的情况进行综合考量。根据其空腔容积的大小，自由潜水面镜大致可分为大容积、中等容积、小容积和很小容积四类。通常，有经验的自由潜水员可能会拥有许多不同的面镜，每次潜水时根据不同潜水需要来进行选择。一般来说，自由潜水员下潜的深度越深，所选择的面镜容积会越小。

1. 大容积、大视野面镜（图 3–1）

大容积、大视野面镜的内部容积通常为 180~200cm^3。使用这类面镜时，潜水员拥有比较大的视野，但下潜深度最好不要超过 10m。这是因为，如果下潜过深，潜水员将需要用掉过多的空气平衡面镜内的压力，这将不利于潜水员的屏气表现。因此，这类面镜适合在下潜深度不大，需要有尽可能大的视野的自由潜水活动中使用。例如，有经验的自由潜水员会在浅水渔猎时，使用这类面镜。

图 3–1　大容积、大视野面镜

2. 中等容积、中等视野面镜（图 3-2）

中等容积、中等视野面镜的内部容积为 140~180cm³。这类面镜的容积虽然不是很大，但仍可以提供较好的视野。因此，这类面镜是使用最广泛的自由潜水面镜，既适合自由潜水的初学者，也适合经验丰富的自由潜水员在中等水深自由潜水活动中使用。这类面镜一般适合在 15~18m 的下潜深度使用，在此深度范围内，中等容积的面镜既不会给自由潜水员的压力平衡造成麻烦，影响其屏气表现，又可以提供较好的视野范围。

图 3-2　中等容积、中等视野面镜

3. 小容积、小视野面镜（图 3-3）

小容积、小视野面镜的内部容积为 120~140cm³。这类面镜的容积较小，有利于自由潜水员的压力平衡和屏气表现，但在一定程度上限制了面镜的视野。通常，经验丰富的中级和高级自由潜水员会在下潜深度 18~35m 的范围内使用这类面镜。

图 3-3　小容积、小视野面镜

4. 很小容积、很小视野面镜（图 3-4）

很小容积、很小视野面镜是专门为竞技训练和比赛等大深度自由潜水活动而设计的，其内部容积通常小于 120cm³。这类面镜的容积很小，有利于自由潜水员大深度下潜时的压力平衡和屏气表现，具有镜片很小、视野很小的特点。参加竞技自由潜水的运动员在下潜深度超过 40m 时通常使用这种面镜。对于大深度下潜的自由潜水运动员来说，面镜往往只用于观察

图 3-4　很小容积、很小视野面镜

下潜过程中的导潜绳，因此视野大小对他们不会产生影响。

5. 流体眼镜（图 3-5）

除上述四种面镜外，有一种流体眼镜也被少数自由潜水员使用。更准确地讲，流体眼镜一般是专业级自由潜水员进行大深度自由潜水时使用的。流体眼镜的外形和使用方法都与传统的潜水面镜不同，它没有鼻囊，外形类似于游泳眼镜，眼镜里有两个圆形的透镜。佩戴时眼镜内部是充满水的，眼镜与眼部之间没有空腔，当眼睛跟水接触后导致焦点偏移看不清东西，这时透镜就像是在眼镜里加了两片隐形眼镜，通过改变焦点，可以让潜水员在水下看清楚。流体眼镜的设计可以让潜水员在进行自由潜水时，不用消耗肺部空气来平衡面镜的压力，同时也不会遭受面镜挤压或者面镜进水的困扰，配合一个鼻夹就能做耳压平衡，从而解放自由潜水员的双手，使其更专注于下潜。

图 3-5　流体眼镜

除了根据自由潜水活动的需要选择不同容积的面镜外，自由潜水运动员在选择面镜时，还要选择适合自己脸型的面镜，使面镜完美地贴合自己的脸部，从而保证在潜水时水不会渗入面镜。如果自由潜水员在将口、鼻没入水中的瞬间面镜出现漏水的情况，他们的心理或多或少会产生压力，同时也会分散注意力。因此，选择一款适合自己脸型的面镜尤为重要。

在挑选适合自己脸型的面镜时，可先将头后仰使脸部朝上，把面镜轻轻地放在脸上，不使用面镜带。此时，借助重力，面镜应该能够在脸部不掉下来。用一根手指轻轻地沿着面镜裙边环绕一周，确保面镜裙边的每一处都与脸部贴合。然后用鼻子轻轻地吸一小口气后屏住呼吸，这时面镜会贴在脸上。再慢慢将头部放回正常的位置，使脸部朝前。如果这时面镜不会脱落，即表示此面镜适合该潜水员的脸型；反之，如果脸部朝前时仍需用手扶住或是必须持续吸气面镜才不会脱落，则表明此面镜不适合该潜水员的脸型。

自由潜水面镜的裙边和面镜带最常见的制作材料是硅胶。由于自由潜水员在水面的时间相对较久，所以他们更倾向于使用黑色硅胶裙边的面镜，因为黑色可以避免炫光透过面镜侧面的裙边干扰潜水员的视线。面镜带应该能够轻易调整长度，卡扣固定后不易脱落。面镜带在脑后的部分应该分为两条带，或者拥有足够的宽度，这样才会佩戴得舒适和稳固。狭窄的面镜带在使用时很容易上下滑动，影响面镜与脸部的贴合。

（二）呼吸管

自由潜水员将脸部浸没在水中俯卧漂浮在水面时使用呼吸管进行呼吸。呼吸管可以帮助潜水员减小体力消耗。自由潜水员借助呼吸管在水面游动时，不必不断地将头抬出水面，这使得潜水员可以长时间在水面轻松地自由游动。自由潜水员漂浮在水面休息、调节身体心理状态或观察水下环境时，也可使用自由潜水呼吸管（图 3–6）进行水面呼吸。

在选择呼吸管时，需要满足三个条件：低呼吸阻抗、小呼吸无效腔[①]及贴合舒适。我们可以将呼吸管想象成潜水员呼吸道的延伸，使用呼吸管呼吸时，必然会使潜水员呼吸无效腔增大，过大的呼吸无效腔将严重影响呼吸时的气体交换，造成潜水员缺氧和体内的二氧化碳浓度升高。因此，从小呼吸无效腔的角度来看，截面积越小、长度越短的呼吸管越好。但是，截面积太小又会使呼吸管的呼吸阻抗增大，过大的呼吸阻抗会使潜水员的呼吸过程困难，同样会造成潜水员缺氧和体内的二氧化碳浓度升高。因此，从低呼吸阻抗的角度来看，选择截面积越大、长度越短的呼吸管越好。随之而来的问题是，长度太短的呼吸管会影响潜水员头部没入水中的深度，这会失去使用呼吸管进行潜水水面呼吸的价值。因此，应该综合考虑上述各种因素相互之间的影响，选择相对合适的呼吸管。根据自由潜水活动的特点，自由潜水员通常是选择截面积相对较大、长度相对较短（一般不超过 42cm）的呼吸管。

图 3–6　自由潜水呼吸管

从呼吸管的类型上考虑，自由潜水员大多选择无防水罩的湿式呼吸管，这种

① 呼吸过程中从外界吸入新鲜空气充填通气道，而不能进行气体交换功能的气道称为呼吸无效腔，正常成人的呼吸无效腔约为 150ml。

呼吸管的管身曲线顺滑、材质柔软且方便收纳。在戴上面镜后，潜水员可以轻松舒适地将呼吸管固定于脸侧的面镜带上，当潜入水下不再需要时，用手将呼吸管向后脑移动，便可非常容易地固定在脑后的面镜带上，以免妨碍潜水员下潜。另外，很多潜水员喜欢在负浮力的呼吸管上加装一些漂浮物，防止其在潜水过程中脱落而沉入水下丢失。

值得注意的是，潜水员在下潜和上升过程中，必须将呼吸管从口中摘除，这样可以最大限度地降低在潜水过程中吸入水的风险，万一发生意外，也可以保证水不会进入潜水员的呼吸道中。

（三）脚蹼

脚蹼可以极大地提高潜水员在水中的运动能力。与常规的游泳动作相比，潜水员使用脚蹼可以提升打腿动作的推动力，从而推动身体快速前进。同时，脚蹼还极大地提高了潜水员打腿动作的运动效率，从而降低了潜水员在游动过程中的能量消耗，这使得潜水员可以长时间更远的距离游动而不会感到疲惫。因此，脚蹼是自由潜水员在潜水活动中提高游动速度和距离、节省体能的重要装备。

根据穿戴方式不同，自由潜水脚蹼可分为套脚式和调节式两大类。套脚式脚蹼如同普通的鞋子一样穿在脚上，具有固定的标准尺码，潜水员根据脚的大小选择合适的尺码；而调节式脚蹼的尺码一般分为小号、中号、大号和特大号，潜水员首先选择相对合适的脚蹼号，然后穿上脚蹼后根据松紧程度调节后脚跟带。

根据脚蹼材质的不同，自由潜水脚蹼大致可分为塑料、玻璃纤维和碳纤维三大类。其中，碳纤维材质的脚蹼价格最为昂贵。由于碳纤维材质的脚蹼回弹速度最快，所以其推动效果最好，也相对省力。但其缺点是比较脆，如果外力过大，则容易折断，因此，需要潜水员日常小心使用。相对来说，塑料及玻璃纤维材质脚蹼的踢动效率不及碳纤维材质的脚蹼，但它们具有耐用且价格相对便宜的优点，因此更受普通自由潜水员和初学者的青睐。

自由潜水脚蹼从类型上可分为单蹼和双蹼（图 3–7）。单蹼是指双脚固定在一起，穿起来的样子就像鲸鱼的尾巴，潜水员水下打腿的动作类似于蝶泳打腿的技术动作。与双蹼不同的是，由于单蹼的蹼面积比较大，因此打腿动作的推动力更强。但是，这也意味着需要潜水员具有更大的躯干和下肢力量。另外，在使用中，单蹼的操控灵活度不足。通常，初学者刚开始练习自由潜水时选择双蹼，等熟练掌握了双蹼的动作技巧之后，再根据自己的需要或兴趣爱好选择。

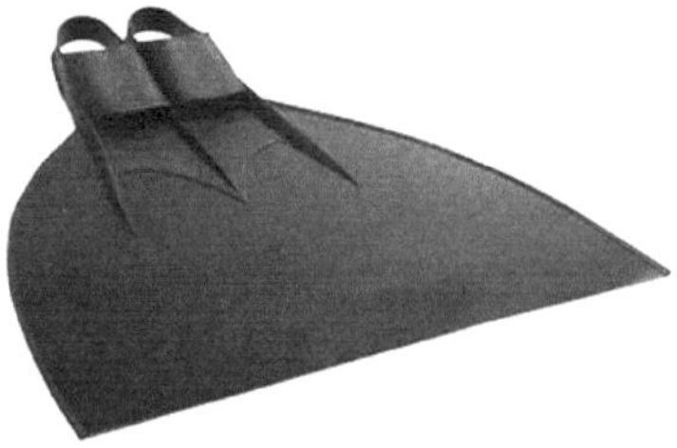

单蹼

双蹼

图 3–7　自由潜水脚蹼

自由潜水脚蹼要比水肺潜水使用的脚蹼长度更长，这是因为，较长的脚蹼能够让自由潜水员的打腿动作速度较慢和打腿动作幅度较小，获得比较大的推动力和推进速度。显然，这可以大大地降低自由潜水员的能量消耗，对提高其屏气表现是极为有利的。

需要注意的是，在选择脚蹼时，一定要选择脚套贴合舒适的脚蹼，不能太小或太紧，以免造成对脚的束缚压迫，导致挤脚趾，甚至影响脚部的血液循环，造成脚部痉挛等；亦不能太大或太松，避免出现脚套磨脚或脚蹼松脱等问题。合适的脚蹼不仅可以有效地避免对身体的伤害，同时也不会在使用中脱落。必要时，潜水员还可以穿着柔软的氯丁橡胶潜水袜以提升脚蹼的舒适性，这不仅可以避免脚部与脚套之间的摩擦，还有利于脚部保暖。

（四）潜水服

潜水服的主要作用是防止潜水员的体温过快散失，同时保护潜水员免受刮伤和晒伤，并减小潜水员在游动时的水阻力。因此，潜水服不仅在自由潜水活动中起到保护作用，而且是减小潜水员体能消耗，提高其潜水运动能力的必要装备。

保暖是潜水服最主要的功能。人体在水中的失温速度比在空气中快 25~30 倍，所以，即使在感觉很温暖的水中，人体也会很快失温。在潜水过程中，潜水员在水中理想的体温应该是 37℃左右，要想保持这个体温，需要潜水员根据水温和个人抗寒能力来选择潜水服。由于每个人的体质不同，其抗寒能力也不尽相同，因此，潜水员对潜水服的保暖要求也不同。在使用湿式潜水服的时候，皮肤还是会接触到水，但是潜水服的额外保温层可以减缓体温的散失，使潜水员在水中能长时间地保持体温。

当自由潜水员选择湿式潜水服时，需要考虑潜水服的材质、厚度和对身体的覆盖范围。不同的材质的潜水服其保暖性能是不同的，在同等厚度下，保温性能好的材质制作而成的潜水服保暖效果更好。例如，采用S.C.S技术生产的氯丁橡胶比普通的氯丁橡胶的保温能力高出40%，其原料是从含碳酸盐达99.7%的石灰石中提取的。这种高科技材料中含有高达93%的蜂窝式闭合细胞，细胞内蕴藏大量氮气，具有超强的保暖性能，这就意味着，在保暖效果相同的情况下，采用这种材质制作的潜水服更薄。因此，在根据需要选择不同厚度的潜水服时，还需要考虑潜水服的材质。在自由潜水中，自由潜水员往往更喜欢选择比较薄、保暖性能好、用高科技材料制作的潜水服。潜水服对身体的覆盖范围主要与其款式有关。潜水服的款式主要有覆盖躯干部分的潜水背心、短袖短裤的短款湿式潜水服、连体式或分体式（上衣和裤子）全覆盖的湿式潜水服等。自由潜水员通常喜欢选择分体连帽全覆盖湿式潜水服，这是因为自由潜水湿式潜水服一般比较贴身，而且材质弹性较好，分体式潜水服（图3–8）在穿脱时要比连体式潜水服容易。

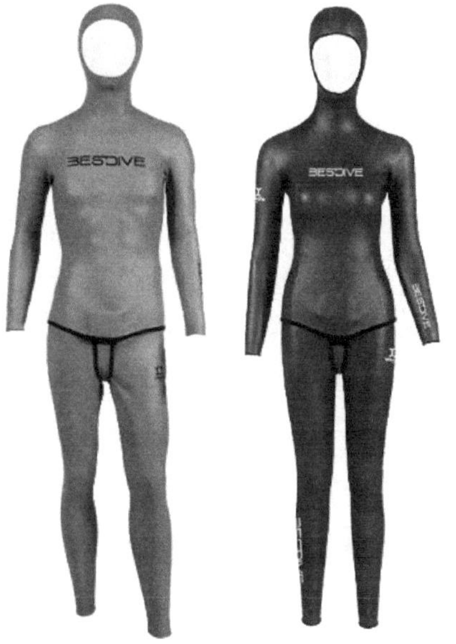

图3–8　分体式自由潜水服

在自由潜水中，选择一件合身舒适的湿式潜水服是非常重要的。如果潜水服过于宽松，水会不断地渗入潜水服内，这会加快自由潜水员体温散失，并增大自由潜水员在水下游动时的阻力，从而导致自由潜水员的能量消耗增加；反之，如果过于紧绷，尤其是在人体横膈膜附近过紧，则会阻碍自由潜水员的呼吸、行动和血液循环，从而不利于自由潜水的能力发挥，而且会消耗更多的氧气。因此，自由潜水员应选择紧密贴身，但不能有束缚或压迫感的湿式潜水服，其腋下和胯部不应有宽松的空隙，在颈部、手腕、腰部和脚踝等开口部位，既要有一定的贴合度以避免进水，但也不能过紧而影响血液循环和人体舒适度。在有条件的情况下，建议自由潜水员量身定制潜水服。制作自由潜水服的材质通常弹性较好，非常舒适，而且在水下做动作时几乎不会受到潜水服的限制，能够帮助自由潜水员节省氧气消耗，同时有利于潜水员身体放松。

由于大部分自由潜水服的内衬都采用氯丁二烯橡胶材料，其弹性及与身体的摩擦力较大，加之自由潜水服比较修身，这导致了穿脱困难。因此，穿脱自由潜水服的时候建议先在衣服内部灌水或者用含沐浴露的水润滑。自由潜水服在穿脱时（尤其是上衣），最好请潜伴帮忙，否则会很难穿脱。切记不要在水中独自穿脱潜水服，以防在穿脱过程中潜水服卡在头部，这时一旦有水灌进来则可能导致窒息。

除了保暖功能之外，保护也是潜水服至关重要的功能。自由潜水员身穿潜水服在开放水域潜水时，潜水服既能保护自由潜水员的皮肤免受阳光暴晒，也能防止自由潜水员在水下被物体或生物刮伤和划伤等。

（五）配重系统

大多数人在水中所受的浮力略大于重力，并且自由潜水服在水中的浮力也略大于重力。因此，身着潜水服的自由潜水员在水中是漂浮的。配重系统就是用来抵消身体和潜水服所产生的浮力，使得自由潜水员可以轻松地在水下保持浮力和重力平衡。

在自由潜水中，配重的重量是依据自由潜水员的体重、穿着潜水服的厚度、水的密度以及计划下潜的深度等多种因素决定的，应根据需要进行调整。在调整配重时，合适的配重应使自由潜水员能够在水面建立正浮力，同时又能够在水下建立中性浮力。水中恰当的中性浮力可以保证自由潜水员在下潜时仍然具有足够的浮力回到水面，不用担心自己会因为过重而下沉。

自由潜水配重系统按佩戴位置主要分为颈部配重与腰部配重两类。

1.颈部配重（图 3-9）

颈部配重是用于抵消自由潜水员身体躯干与下肢浮力不均的配重。我们知道，人体空腔主要集中在躯干部位，当自由潜水员的身体成俯卧位时，就容易出现上体浮力大于下肢的情况，潜水员很难在水中将身体保持水平状态。因此，自由潜水员可以通过佩戴颈部配重来抵消部分躯干浮力，使身体的躯干浮力和下肢浮力基本相同，以利于在水中保持水平状态，这在平潜时特别重要。

起初，颈部配重多为自由潜水员根据自身情况自行制作的，佩戴时如佩戴项链一样挂在颈部，并利用快卸扣，方便穿卸。但这种颈部配重大多为固定重量，如需要调整重量，则要制作多条不同重量的颈部配重。近年来，市场上出现了一些新款的自由潜水颈部配重，其外形有点像“龙虾”或“章鱼”的形状，潜水员可根据需求增减配重数量，达到根据需要调整重量的目的。

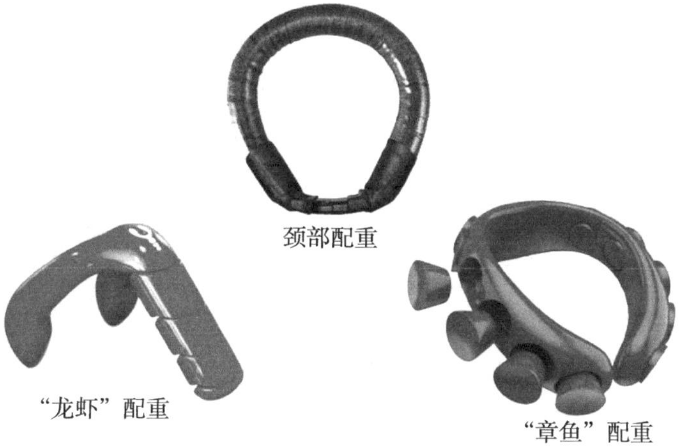

图 3–9 颈部配重

2. 腰部配重（图 3–10）

自由潜水的腰部配重与水肺潜水的配重基本相同，都是将多个配重块串联挂在配重带上，调整配重块的数量来改变腰部配重的。配重带上装有快卸钢头，方便潜水员迅速地拆装。不同于水肺潜水，自由潜水的配重带用柔软的橡胶材质制作，具有较强的弹性。

图 3–10 腰部配重

佩戴腰部配重的方法与日常生活中佩戴皮带一样，系在潜水员腰部。但与水肺潜水不同的是，自由潜水的配重带应系在潜水员胯骨最宽部位，并利用橡胶弹力充分拉紧，避免佩戴位置过高。采用这种佩戴方法是防止当潜水员头先式下潜时，因腹腔被压缩导致配重带松脱滑落。

二、自由潜水安全装备

自由潜水安全装备可以为潜水员进行自由潜水活动时提供最基本的安全保障，对降低自由潜水活动的风险至关重要。在大多数类型的自由潜水活动中，自由潜水安全装备都是必不可少的。

（一）潜水电脑表

在自由潜水中，一般使用腕式潜水电脑表（图3–11），自由潜水员可以像戴手表一样方便地佩戴在手腕上，便于潜水员查看数据。潜水电脑表通常有多种潜水模式可供选择，大多数品牌及型号的潜水电脑表都有自由潜水模式，可以很好地满足自由潜水员的需求。

图 3–11　腕式潜水电脑表

潜水电脑表的自由潜水模式可以预先设置下潜深度、下潜时间、下潜次数及下潜间隔等数据，并可将设置数据编制成特定的程序，在自由潜水活动过程中用声音、闪光或震动等方式提醒或警告潜水员。潜水电脑表还可以记录自由潜水员的实际下潜次数、下潜时间、水面休息间隔时间、深度等数据，并可以将所有储存的数据导入电脑，生成潜水日志供分析使用。因此，潜水电脑表不仅可以在自由潜水活动中为潜水员提供必要的安全保障，还可以为自由潜水员记录相应的潜水数据，便于自由潜水员分析和总结自己在潜水活动中的表现，这对于自由潜水员发现不足、积累经验、改进技巧和提高能力是非常有利的。需要注意的是，不同品牌型号潜水电脑表的操作方式略有不同，在使用前需详细阅读使用说明书。

（二）水面浮标

自由潜水水面浮标主要在自然水域进行自由潜水活动时起到标示潜水区域、警示水面船只等安全防范作用，同时，水面浮标还可起到固定导潜绳、放置备用物品（如饮用水、呼吸管等）以及协助潜水员进行水面休息等辅助作用。

自由潜水水面浮标（图 3–12）一般制成可充放气的轮胎形状，采用黄色、橙色、红色、白色等在水面醒目的颜色，其充气后具有较大的浮力，并配有潜水旗插口、导潜绳固定扣和供潜水员休息用的扶持把手，中间空芯部位用网布或带有排水口的布料封住，可用来放置备用物品，有的浮标在充放气阀上还配有救生哨，可供水面救援使用。自由潜水水面浮标在作为导潜绳水面固定点使用时，导潜绳的一端连接在水面浮标的固定扣上，另一端应连接重量小于水面浮标浮力的配重，从而使导潜绳保持合理的拉力和垂直状态。

图 3–12　自由潜水水面浮标

（三）导潜绳

导潜绳（图 3–13）亦被称为下潜绳，或简称为导绳。在自由潜水中，导潜绳主要是在自由潜水员垂直下潜时，起到引导下潜方向和提示下潜深度的作用。导潜绳通常采用高强度聚酯纤维材料编织而成，具有重量轻、抗拉强度高、耐磨耐腐蚀的特性，并且比较柔软和容易打结，绳两端装有快卸装置，可以方便地与配重、水面浮标或船上和岸上的固定装置相连接。

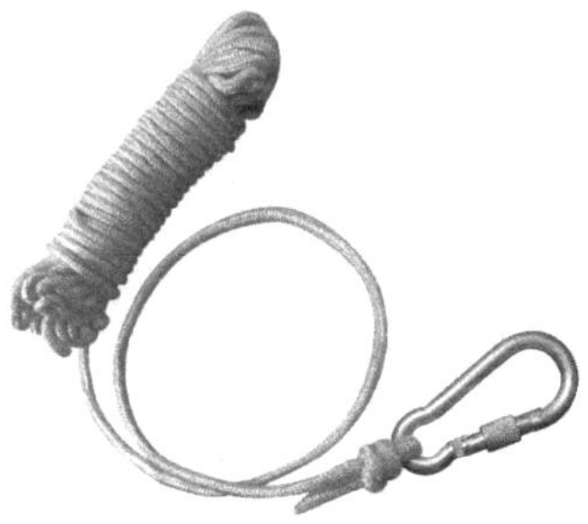

图 3–13　自由潜水导潜绳

在使用导潜绳时，可做不同长度的标识，便于自由潜水员沿着导潜绳下潜时参考。导潜绳除了具有引导下潜方向和提示下潜深度的作用外，还可以为自由潜水员提供一定的安全保障，自由潜水员在下潜时，可以用安全绳将自己与导潜绳连接在一起，从而有效地避免在下潜过程中发生脱离预定下潜路线、在水下失去方位感等安全风险。必要时，自由潜水员还可以利用导潜绳，采用牵拉绳索的方法，向水面的潜伴传递安全信号、下潜深度等信息。

（四）安全绳

安全绳（图 3–14）亦被称为防丢绳，是将潜水员与导潜绳连在一起的安全装备。安全绳的作用主要是避免自由潜水员在下潜过程中脱离预定的下潜路线，防止其在水下失去方位感或平衡，从而为潜水员提供相应的安全保障，可以极大地降低潜水安全风险。

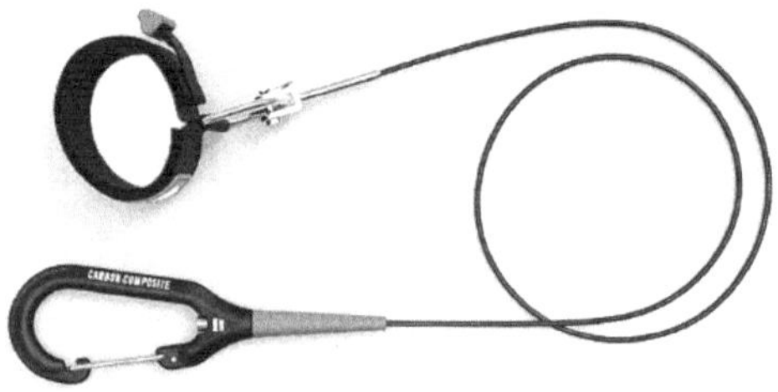

图 3-14　自由潜水安全绳

在使用安全绳时，一端连接固定在自由潜水员身体的某一部位，该部位可以根据自由潜水员的习惯及下潜方式选择手腕、腰部、脚踝等；另一端采用快卸装置连接在导潜绳上，使其可以沿导潜绳滑动。采用快卸装置是为了在必要时便于潜水员快速地从导潜绳上卸除安全绳，例如，当潜水员完成下潜浮出水面时，可以很快地卸除安全绳，留出位置供其他潜水员下潜使用。

第二节　自由潜水辅助装备

除了常用的基本装备和安全装备外，自由潜水还有一些训练辅助装备以帮助潜水员提高自身的屏气表现和运动能力，以及一些安全辅助装备用以降低潜水员在复杂的自然水域中进行自由潜水活动的安全风险。

一、训练辅助装备

随着各种自由潜水项目的迅速开展，很多自由潜水爱好者都开始进行自由潜水泳池和深度的训练，一些新型实用的自由潜水训练辅助装备也应运而生。这些辅助训练装备为自由潜水爱好者学习自由潜水提供了诸多方便，可以有效地帮助减小体能消耗，提高能力。

（一）鼻夹

当自由潜水员不佩戴面镜下潜时，通常会佩戴鼻夹（图 3-15）以平衡耳压。佩戴鼻夹下潜时，潜水员无须在下潜过程中平衡面镜压力，这有助于潜水员减少空气消耗，从而有效地提高屏气表现。此外，使用鼻夹可以解放潜水员下潜时捏鼻的手，这样可以改进潜水员身体的流线，减小运动时的体能消耗，同时，双手划水会更加方便，可以增加水下动能，提高潜水员运动能力，潜水员也可以在陆上训练时，使用鼻夹来练习耳压平衡技巧。

需要注意的是，在使用鼻夹下潜的初期，潜水员可能会因为没有佩戴面镜无法看清楚水下的环境，而紧张，不利于下潜。因此，需要潜水员逐步适应佩戴鼻夹下潜，在适应后，潜水员面部直接接触水时更容易放松，有利于提高下潜能力。

图 3–15　自由潜水鼻夹

鼻夹的款式有多种，自由潜水员一般根据自己的习惯和喜好进行选择。

（二）水橇

自由潜水水橇（图 3–16）的作用是帮助潜水员在身体静止的状态下下潜，而不必踢动脚蹼。水橇下潜有利于潜水员在下潜过程中减少体能消耗，专注于平衡耳压，从而大大地提高了潜水员的运动能力。

自由潜水水橇按大小可分为轻水橇及重水橇，其利用滑轮原理在导潜绳底部增加一定的配重，利用配重的重力作用带动潜水员下潜。

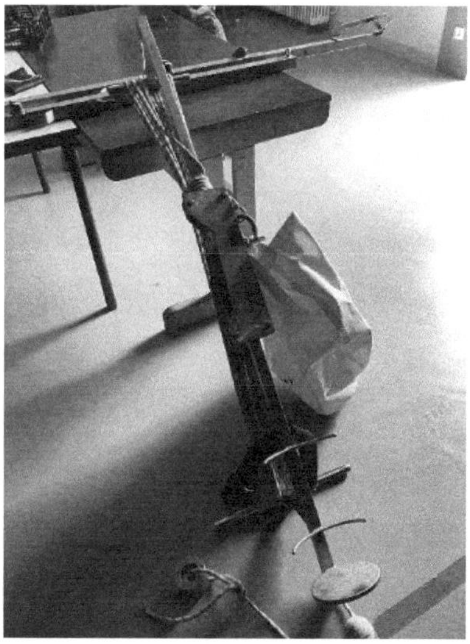

图 3–16　自由潜水水橇

在使用水橇下潜时，潜水员自身可不佩戴配重，手持水橇配重，依靠水橇的重力下潜到预定的深度。水橇配重的重量，会直接影响潜水员下潜的速度，配重的重量越大，潜水员下潜的速度就越快。因此，水橇下潜的好处是，潜水员可以通过调整配重来控制下潜速度。此外，如果在下潜过程中遇到耳压无法平衡或其他身体不适的状况时，则潜水员可随时关闭下潜阀门停止下潜，或松开配重，依靠浮力或踢动蛙鞋上升。

（三）法兰佐练习器

在自由潜水深度项目练习中，随着下潜深度不断增加，潜水员需要不断平衡耳内空腔的压力。由于自由潜水员身体成倒立姿态，传统的阀式耳压平衡技巧很难完成大深度的下潜，而法兰佐耳压平衡技巧则可以轻松、高效地完成耳压平衡，可谓自由潜水深度下潜的"密匙"。由于法兰佐平衡技巧需要利用咽喉部不常用的肌肉，初学者通常较难控制和掌握。所以，人们为此专门设计了法兰佐练习器（图 3–17），用于辅助潜水员和练习，其原理是通过气球或电子压力数值监控鼻腔压力变化，方便潜水员在练习法兰佐平衡技巧时有直观的体会。

图 3–17 法兰佐练习器

（四）滑轮收线器

在自由潜水深度练习中，潜水员会利用水面浮标和导潜绳来引导下潜方向和了解下潜深度。由于每次训练开始和结束时需要放收导潜绳，训练过程中也会根据需要改变导潜绳的长度，因此这项工作既费力又耗时，还需要一定技巧。为此人们设计了滑轮收线器（图 3–18），它可以方便、快捷地收放导潜绳，其工作原理是利用滑轮系统使收绳变得更加轻松。便携式的收线器轻便、小巧，方便携带，也不会占用潜水浮标上的额外空间。

图 3–18　滑轮收线器

（五）脚蹼固定带

自由潜水员通常使用套脚式脚蹼，但每个人的脚形存在一定差异，这使得有些潜水员用力打腿时套脚式脚蹼容易发生脱落，高性能的套脚式脚蹼更是如此。为了解决这个问题，人们设计了用于防止套脚式脚蹼脱落的脚蹼固定带（图 3–19），它是三条绕住脚踝和脚跟的带子，让脚蹼鞋套更加牢靠，不易脱落。脚蹼固定带除了可以避免脚蹼脱落外，有些潜水员也用它把鞋套绑紧，从而有助于打腿发力。脚蹼固定带也有不同的尺码，它对抵消氯丁橡胶的潜水袜的压力尤其有用。需要注意的是，在自由潜水过程中即使使用脚蹼固定带也需要选择合适的脚蹼尺码，毕竟它不能替代合适的脚蹼。

图 3–19　脚蹼固定带

二、安全辅助装备

自由潜水的安全辅助装备主要有潜水刀、潜水灯、备用气源等。尽管在进行自由潜水时，我们的目标是为了能用最小的体能消耗获得更佳的下潜深度和时长，因此佩戴的装备越简单越好，但是，当我们在一些复杂或未知的自然水域进行自由潜水活动时，除了必要的基本安全装备之外，安全辅助装备也是不可或缺的。

（一）潜水刀

潜水刀（图 3–20）的主要作用是切割。当潜水员在水下发生异物缠绕、阻拦等安全问题时，潜水刀是最有效和实用的装备。在自由潜水中，潜水刀一般用于水下渔猎。在水下渔猎过程中，潜水员很可能会遇到渔网缠绕等意外风险，这时便可利用所携带的潜水刀处理。另外，在一些水下环境比较复杂或陌生的自然水域，潜水员往往也需要佩戴潜水刀来应对不可预知的风险。当然，在进行自由潜水竞技比赛时，由于场地是事先布置好的，因此，潜水员通常无需佩戴潜水刀。

潜水刀与其他用途的刀具最主要的差别在于材质、握柄和刀鞘。从外形尺寸看，既有类似猎刀的大型潜水刀，也有像短剑般轻巧的小型潜水刀，潜水员可根据自己的需要选择合适尺寸的潜水刀。潜水员佩戴潜水刀的方式一般是佩戴在小腿内侧或外侧，小型潜水刀也可以佩戴在前臂。

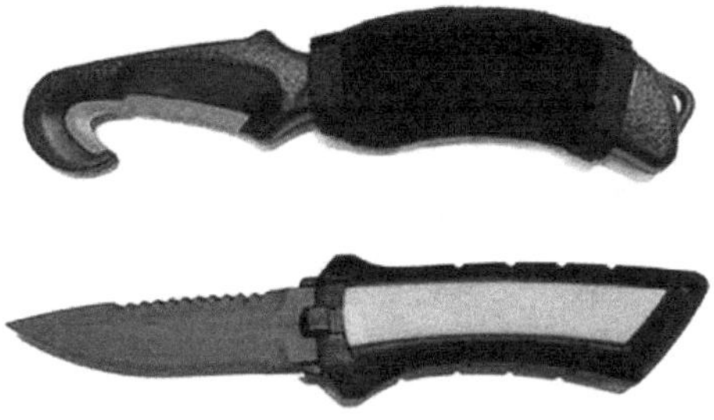

图 3–20　潜水刀

（二）潜水灯

潜水灯（图 3–21）主要用于水下照明。在自由潜水时，随着下潜深度的增加，水下的光照强度会随之减弱，为了能够在潜水过程中看清楚水下环境，潜水灯是必不可少的水下照明装备。潜水灯除了能够帮助潜水员看清楚水下环境，减小潜水风险外，还具有在幽暗的水下环境中帮助潜水员克服恐惧的重要作用。因此，潜水灯是在自然水域进行较深下潜活动的重要安全辅助装备。另外，随着潜水活动的不断普及，水下摄影逐渐成为一种时尚，自由潜水水下摄影也不例外。因此，潜水灯的水下照明功能，可以作为水下摄影的辅助照明光源，这客观上拓展了潜水灯的功能。

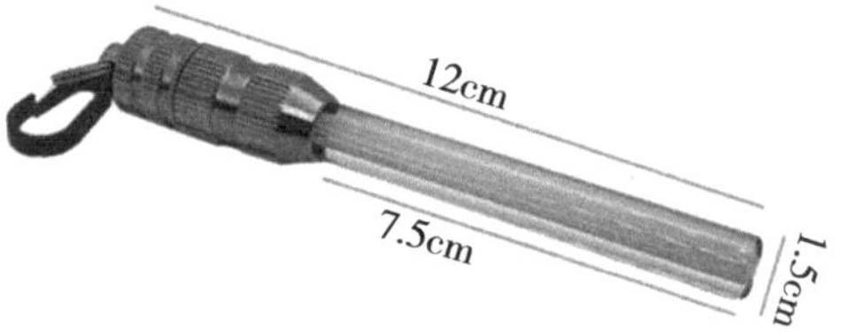

图 3–21　潜水灯

潜水灯的种类和样式有很多，常见的有潜水手电筒、手持式潜水灯和头戴式潜水灯等，其中潜水手电筒和头戴式潜水灯的照明功率比较小，但简单轻巧、便于携带；而手持式潜水灯较大，相对笨重，但照明功率也比较大。在实际潜水过程中，潜水员可根据需要及水下环境的情况选择不同的潜水灯。

（三）备用气源

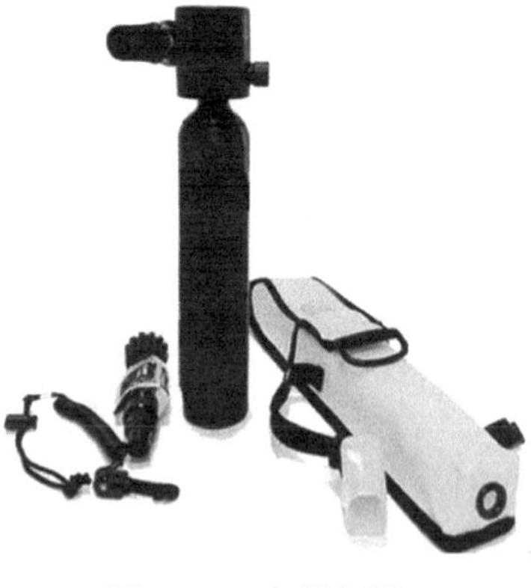
图 3–22　备用气源

便携式备用气源（图 3–22）是一种将呼吸调节器与气瓶结合在一起的呼吸装置，其优点是重量小，体积巧，便于携带，使用方便；但缺点是气瓶容积较小，只能支持潜水员短时间水下呼吸。

对于以屏气方式进行潜水活动的自由潜水来说，备用气源很少使用到。这是因为如果在水下呼吸高压空气，会造成肺部过度扩张，以及减压病的发生率升高。因此，在自由潜水中，只有在水下环境比较复杂或潜水员对水下环境完全不了解的情况下，为减小安全风险，才会选择携带备用气源下潜。应注意的是，即使携带备用气源下潜，也不应轻易使用，只有在水下遇到突发事件，面临失去生命的险境时，才有必要使用备用气源，以帮助潜水员争取处理问题的时间。例如，潜水员参加水下渔猎活动时发生渔网缠绕，如果短时间内无法脱困，可使用备用气源来应对缺氧情况，从而应对该问题。

本章复习思考题

1. 自由潜水的常用装备包含哪些？
2. 自由潜水面镜具有哪些特点？
3. 如何选择合适的自由潜水面镜？
4. 自由潜水脚蹼都有哪些类型和材质？
5. 自由潜水服的作用是什么？
6. 自由潜水配重有哪些形式？特点如何？
7. 自由潜水包含哪些辅助装备？
8. 自由潜水时会配备哪些安全装备？
9. 潜水刀的用途有哪些？
10. 如何使用安全绳？

第四章 >>> CHAPTER 04

自由潜水机能调控技巧

学习自由潜水，首先要了解与自由潜水相关的理论知识，了解潜水技能和生命安全相关的生理现象，并知晓这些生理现象的内在发生机制，从而进一步掌握其预防和应对策略，确保自由潜水活动科学安全地开展。同时，潜水员还需要学习自由潜水的心理技能训练方法，学会调节和控制自己的心理状态，进而调节和控制自己在自由潜水活动中的行为，并提高自由潜水安全保障意识。

第一节　自由潜水常见生理问题与应对方法

在自由潜水中，常见的生理问题主要有低氧和昏厥，这些问题会直接影响自由潜水员技术水平的发挥，甚至可能造成严重的安全风险。因此，要成为一名合格的自由潜水员，必须在学习生理学理论知识的基础上，充分了解自由潜水与生理相关的风险因素，知道其发生机制和预防方法，并且在应对相关的问题和危险时，能够采取正确方法。

值得注意的是，自由潜水员在日常的自我训练过程中，对自己内在的生理状态要有清醒的认识，对自己在自由潜水过程中的生理变化情况有敏锐的感知，知道如何控制和调节，知道自己什么时候应该果断结束潜水活动。除此之外，合格的自由潜水员还应该具备应急救援的知识和技能，如心肺复苏（Cardiopulmonary Resusciation，CPR）技术，以便于潜伴发生昏厥时进行紧急救助。

一、呼吸欲望与超呼吸

在自由潜水过程中，潜水员在水下始终处于屏气状态，可以说，潜水员的屏气能力直接决定了其在自由潜水中的表现。人体的屏气时间是由屏气后产生呼吸欲望决定的，因此，学习自由潜水首先需要学习和掌握屏气后产生呼吸欲望的相关原理，并在此基础上进一步了解超呼吸带来的生理问题。

（一）呼吸欲望及其相关机理

当人在屏住呼吸一段时间后所产生的想要呼吸的欲望，似乎意味着人体已经处于缺氧状态。但实际情况是，当人体产生强烈的呼吸欲望时，并不代表人体已经处于缺氧状态，而是由于体内二氧化碳含量的升高造成的。

人体通过调节呼吸的深度和频率，来维持血液中二氧化碳含量的稳定。当体内血液中二氧化碳浓度升高时，人体的呼吸频率和深度就会增加，以此排出过量的二氧化碳、摄取充足氧气（如在游泳、跑步等运动状态时）。反之，当血液中二氧化碳浓度降低时，人体的呼吸深度和频率就会减小（如在睡眠、冥想等静止状态时）。因此，人体呼吸的深度和频率主要受体内二氧化碳含量的控制，而且，随着血液中二氧化碳浓度的升高，人的呼吸欲望会越来越强烈。而当血液中的二氧化碳含量较低，即没有达到一定的阈值时，人没有或者仅有较小的呼吸欲望（图 4–1）。

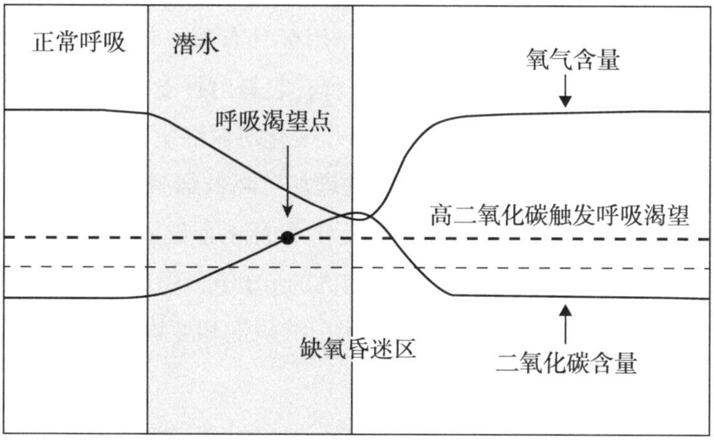

图 4–1　正常呼吸下进行自由潜水人体血液内的氧气和二氧化碳变化

综上所述，当人体产生呼吸欲望时，并不代表人体已经处于缺氧状态，实际上这时机体还有一定的氧气储备，可以使人体继续保持安全的屏气状态。因此，通过专业的训练，人体可以增强对体内二氧化碳升高的耐受能力，提高呼吸欲望的阈值，进而大大提高屏气时间。显然，在自由潜水中，潜水员的二氧化碳耐受能力与其屏气能力直接相关，潜水员对二氧化碳耐受能力越高，则屏气表现和下潜能力就越好。

（二）超呼吸带来的危害

超呼吸也称过度换气，是指超出正常呼吸范围，故意加快呼吸频率或加大每次呼吸的量，使身体吸入的空气比实际所需的多的呼吸方式。其目的是将体内的二氧化碳尽可能地呼出体外，并最大限度地吸入氧气。因此，超呼吸超出了人体维持当前呼吸动态平衡所需的程度。

看似在自由潜水中，超呼吸后屏气有助于延长屏气时间，进而提高潜水员的屏气能力。但事实上，虽然超呼吸具有降低人体内二氧化碳的浓度的作用，却会造成人体对氧气的使用效率降低、脑部血管收缩、心率提高，反而增加氧气消耗，造成哺乳动物潜水反射效果降低、水下昏厥等一系列生理问题，给自由潜水带来极大的安全风险。因此，超呼吸作为一种非常陈旧、危险的屏气潜水技巧，现在已经完全禁止在自由潜水中使用。

1. 使人体出现低氧现象，造成脑部血管收缩

超呼吸对增加人体内氧气储备量的作用极其有限，却会导致人体对氧气的利用率下降，这种现象可由波尔效应来解释，它是由丹麦科学家克里斯蒂安·波尔于 1904 年根据血液中 pH 值[①] 和 CO_2 分压变化对血红蛋白结合氧能力的影响发现并提出的，其结论为血液中 CO_2 浓度的增加可降低细胞内的 pH 值，引起红细胞内血红蛋白氧亲和力下降，在任意血液 O_2 分压下血红蛋白的氧饱和度均降低；反之，血液中 CO_2 浓度的降低可升高细胞内的 pH 值，引起红细胞内血红蛋白氧亲和力增加，在任意血液 O_2 分压下血红蛋白的氧饱和度均增加。

① 氢离子浓度指数，为无量纲量，是溶液酸碱程度的衡量标准，pH=7 时溶液呈中性，pH<7 时溶液呈酸性，pH>7 时溶液呈碱性。

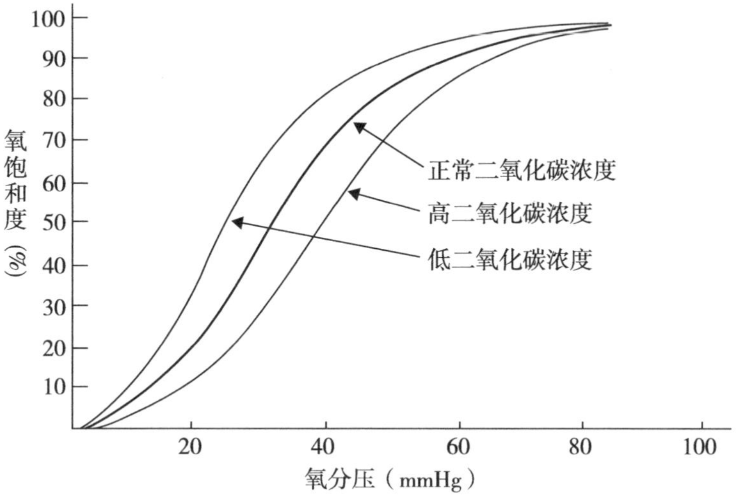

图 4-2　波尔效应

波尔效应（图 4-2）指出，当血液流经人体组织的某个部位（如代谢旺盛的肌肉）时，若这里的 CO_2 的浓度较高、pH 值较低，则会引起血液中血红蛋白结合氧的能力下降，从而释放 O_2 进入人体组织中，使人体组织获得更多的 O_2，而 O_2 的释放又会促使血红蛋白与 CO_2 的结合，从而缓解 pH 值降低引起的问题。因此，根据波尔效应的生理学意义，超呼吸在降低体内 CO_2 浓度的同时，也提高了血红蛋白结合氧的能力，这意味着即使血液中的 O_2 浓度很高，但在流经人体组织的时候却难以将 O_2 释放，这更容易使人体出现低氧现象，造成头晕、眼花、耳鸣、手麻木等状况，极大地增加了水下昏厥的可能性。此外，超呼吸还会导致脑部血管收缩，造成大脑的血流量减少，从而引起大脑缺氧，更加大了风险。

2. 导致心率大幅提升而加速耗氧，降低哺乳动物潜水反射效果

超呼吸会使人的心率大幅度提升。潜水员如果在超呼吸后进行自由潜水活动，会因心率较高而额外增加机体的氧气消耗，显著降低潜水员的屏气表现。由于超呼吸使潜水员体内的二氧化碳浓度降低，会导致哺乳动物潜水反射的出现时间延迟，且强度会降低。这些降低哺乳动物潜水反射效果的现象，都会使潜水员的屏气表现显著下降。

3. 使屏气时的呼吸欲望延迟，极大地增加昏厥风险

从二氧化碳的生理作用机制可知，人体何时产生呼吸欲望是由血液中二氧化碳的浓度决定的。也就是说，血液中二氧化碳的浓度会引起生理警觉，是警示我们及时呼吸的触发器。因此，在超呼吸后进行自由潜水活动时，由于潜水员血液中二氧化碳的浓度较低，其在屏气过程中想要呼吸的欲望延迟出现，这似乎对潜水员的屏气表现是有利的。但是，如果潜水员的机体已经开始缺氧，可血液中较低的二氧化碳浓度却没有触发需要呼吸的警示，使得潜水员继续停留在水下并保持屏气状态，最后会在不知不觉中因缺氧而昏厥。因此，超呼吸会给人体造成错觉，使屏气时的呼吸欲望延迟，极大地增加自由潜水的昏厥风险（图 4–3）。在以往发生的自由潜水昏厥事故案例中，有很多都是因为超呼吸造成的。

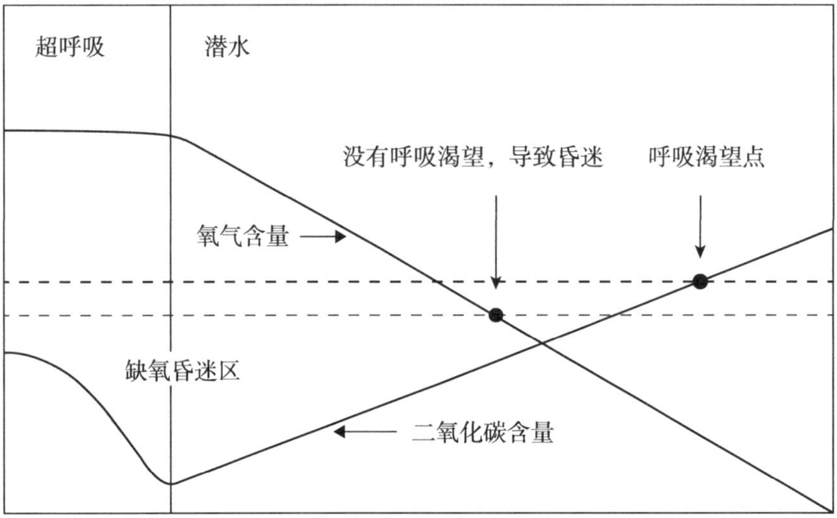

图 4–3　超呼吸后进行自由潜水的氧气和二氧化碳变化

在超呼吸后的屏气过程中，潜水员可能会出现嘴部或四肢发麻、莫名兴奋、头晕眼花、口齿不清、口腔内有金属味道、轻度头痛等症状，这都是由于超呼吸后机体对氧的使用效率降低等因素导致人体组织某个部位缺氧造成的。因此，如果潜水员在超呼吸后的屏气过程中发现以上任何症状时，要保持正常呼吸并停止活动，直至所出现的症状消失。如果在下潜过程中出现这些症状，应立即停止下潜，并尽快浮出水面，然后保持正常呼吸直至所出现的症状消失。

二、自主控制功能丧失与昏厥

在自由潜水中，潜水员在经过长时间的屏气后，可能会因大脑缺氧而发生自主控制功能丧失和昏厥的极端状况，给自由潜水带来极大的安全风险。因此，在学习自由潜水时，我们必须了解发生自主功能丧失和产生昏厥的生理现象，掌握其应对的方法，确保自由潜水活动的安全性。

（一）自主控制功能丧失

自主控制功能丧失是自由潜水特有的术语，其英文全称为 Loss of Motor Control，缩写为 LMC，指的是潜水员经过长时间的屏气后，因大脑缺氧造成身体抽搐，而表现出一系列不受控制的、不协调的、舞蹈动作，这种情况通常也被戏称为“桑巴舞”。

当潜水员的自主控制功能丧失时，其自身的主观感觉主要有头部昏沉、颤抖、视线狭窄、四肢僵硬、动作不受控制等；而其他人可观察到潜水员开始吐气、嘴唇与脸部发绀、做出一些不协调的“桑巴舞”动作。如果潜水员持续缺氧，则会发生昏厥（图 4–4）。

在自由潜水过程中，当发现潜水员出现自主控制功能丧失的症状时，潜伴要迅速靠近，提醒潜水员尽快浮出水面恢复呼吸，并根据具体情况准备随时予以协助。需要注意的是，有些潜水员的身体抽搐得非常厉害，其不受控的表现相对强烈，甚至需要两名救助人员才可以将其控制住。

尽管自主控制功能丧失发生在昏厥前，但自主控制功能丧失并不是产生昏厥的预兆，很多潜水员在昏厥前并不一定会有明显的“桑巴舞”表现。因此，在进行自由潜水的过程中，绝不能将自主控制功能丧失作为停止屏气的标志，否则会导致潜水员在不被察觉的情况下发生昏厥。

图 4–4　昏厥

事实上，在自由潜水过程中，判断潜水员应该在什么时候终止屏气是没有准确答案的。其原因包括：一是不同的潜水员出现自主控制功能丧失时的表现具有很大的差异性；二是不同潜水员的训练水平和经验不尽相同，其抗缺氧能力有很大的差异，很难将屏气时间的长短作为终止屏气的标准；三是在自由潜水的训练或比赛中，为防止潜水员昏厥所采用的保护手段往往不同，这些手段既有尽可能延长潜水员屏气时间的作用，也有确保潜水员安全的目的，因而何时终止屏气的标准存在较大差异。在自由潜水中，何时终止屏气是由潜水员身体素质、训练水平、屏气经验、保护手段等多种因素决定的，几乎无法确定终止屏气的标志或标准。

（二）昏厥

在医学中，昏厥是指人体发生因脑灌注不足而导致的短暂性意识丧失。人的大脑是不能够储存氧气和能量的，要维持大脑的正常功能，必须依靠脑血管持续不断地供给大脑的所需的氧气和葡萄糖，如果血液中氧气和（或）葡萄糖含量过低都会导致昏厥。

在自由潜水中，葡萄糖含量低并不是造成潜水员昏厥的主要原因，潜水员发生昏厥一般是由于大脑缺氧所导致的。昏厥在自由潜水中通常也被称为“黑视晕厥”（Black Out，BO），特指因屏气时间过长，潜水员的血氧饱和度降低到一定程度后，造成大脑缺氧无法正常工作。一般情况下，潜水员的血氧饱和度降至40% 左右时发生昏厥的可能性大幅升高。

在自由潜水过程中，因缺氧导致的昏厥大多出现在潜水员返程上升的阶段，其中 95% 左右潜水员的昏厥发生在水深 5m 至水面的上升阶段，仅有 5% 左右的潜水员昏厥发生在水深 5~25m 的上升阶段。以上现象主要有两个方面的原因：一是接近水面的返程阶段是自由潜水的结束阶段，此时潜水员经过长时间的屏气，血液中的氧含量过度消耗，已经基本处于最低值，极易导致潜水员因缺氧而昏厥；二是当潜水员上升至浅水区时，所承受的水压迅速降低，造成脑部血管中的氧分压迅速下降，从而大脑缺氧导致昏厥。因此，在自由潜水中，这种昏厥也被称为“浅水昏厥”。

对于自由潜水员来说，昏厥本身并不可怕，可怕的是潜水员昏厥时呼吸道没入水中，无法摄入氧气，时间过长会造成大脑伤害（脑死亡），甚至溺水死亡。在自由潜水中，大部分的溺水死亡事故的原因并不是昏厥，而是由于潜水员昏厥后没有被及时救出水面。所以，在进行自由潜水活动时，必须要有潜伴在身旁承担安全员的角色，万一潜伴发生昏厥，可在第一时间采取施救措施，并恢复昏厥者的呼吸。这就是为什么说“永远不可单独进行自由潜水”。

从另一个方面来说，昏厥其实是一种人体的自我保护机制，它可以让人体静止下来，降低肌肉和一些器官的耗氧量，使血液中有限的氧气尽可能长时间地供给心脏、大脑等重要器官，防止其受到损伤。

另外，当潜水员在水中发生昏厥后，通常喉部肌肉收缩会导致喉咙闭锁，即喉部痉挛。喉部痉挛是一种人体的自主防卫现象，能够防止肺部进水。显然，这对于救援来说是极为有利的，可以给予潜伴或救援者更多时间来抢救在水中发生昏厥的自由潜水员。但是，值得注意的是，有时喉部痉挛会导致被抢救潜水员的呼吸道无法打开。所以，在进行口对口人工呼吸时要注意：第一次吹气，要连续吹两次。第一口气是为了冲开喉部痉挛，第二口气才是将空气送入肺部。

三、恢复呼吸

法国自由潜水冠军纪尧姆·内里在他的自传《勇往直潜：自由潜水的极限生活体验》一书中写道：人生介于第一口呼吸与最后一口呼吸之间；而自由潜水活动发生在最后一口呼吸和出水后第一口呼吸之间。据统计，90% 左右的潜水员昏厥发生在回到水面后，即在结束潜水后发生昏厥。从生理学分析，自由潜水结束后的第一次呼吸至关重要。因此，自由潜水员要高度重视结束自由潜水后的呼吸恢复，了解恢复呼吸的生理学原理，掌握恢复呼吸的正确方法。

（一）恢复呼吸的生理学原理

很多自由潜水员认为，在自由潜水出水后应立即进行快速呼吸，以便吸入更多的新鲜空气。但事实上，按这种方法恢复呼吸时常会发生昏厥。根据生理学原理，造成这种情况的原因主要有两个：一是在经过长时间屏气后，结束阶段人体内氧气含量最低，如果这时迅速、用力地吐气或者提早吐气（出水前过早的吐气），那么人体内仅存的少量氧气就会被吐出体外，加之用力吐气时也需要消耗氧气，因而极易造成大脑缺氧而导致昏厥。二是在水下屏气过程中，哺乳动物潜水反射现象会一直持续，人体虽然处于低氧状态，但是耗氧相对较小，不容易达到昏厥临界点；在出水过程中，自由潜水员的哺乳动物潜水反射现象逐渐消失，体内的血液从重要器官或部位开始流回身体各处，身体其他各项功能开始逐渐恢复正常，此时人体的耗氧量比浸没水中屏气时（处于哺乳动物潜水反射时期）的耗氧量要多很多。氧气到肺部再被运送到身体各处需要 15~20s 的时间，这使得恢复呼吸后补充进体内的氧气无法及时弥补出水后大量消耗的氧，极易导致出水后因缺氧昏厥。如果用血氧仪进行测试，可以看到在屏气结束恢复呼吸后的 15~20s 时间内，人体的氧饱和度还在降低。所以，在进行自由潜水训练时，自由潜水员在出水过程中，安全员必须集中注意力对其进行保护，防止其发生出水后昏厥。

（二）恢复呼吸的正确方法

根据呼吸的生理学原理，潜水员在结束自由潜水出水后，应按照以下步骤和方法恢复呼吸，避免发生出水后昏厥。

第一，潜水员在接近水面时或者出水后，被动地吐出肺部的一部分空气，并在出水后迅速吸入大量新鲜空气。

第二，吸入新鲜空气后，保持 2~3s 屏气状态，让肺部具有充足的气压，使空气在肺泡中充分完成气体交换，即充分发挥扩散作用。

第三，吐出一部分空气，并迅速再次吸入大量新鲜空气，仍保持屏气状态 2~3s。

第四，根据具体情况重复以上呼吸动作 3~5 次后，恢复正常呼吸。

在进行恢复呼吸的过程中，应始终保持放松，尽量减少肌肉活动，以降低身体的耗氧量。

四、自由潜水与水肺潜水的生理学差异与禁忌

在水肺潜水中，潜水员不仅要承受更大的外界压力，而且要通过呼吸进行气体交换，以保证血液的氧饱和度在正常水平。而在自由潜水过程中，潜水员同样要承受更大外界压力，但由于始终处于屏气状态，其血液的氧饱和度会随着潜水时间逐渐下降。因此，自由潜水和水肺潜水在生理学上有着本质差异，这决定了两者的注意的事项与禁忌是不同的。

（一）生理学原理差异

由于在水肺潜水过程中潜水员通过呼吸，呼出二氧化碳，吸入空气，但在外

界压力的作用下，潜水员吸入的空气中的氮气不易被排出，而是被溶解在血液中。因此，在水肺潜水中，为防止溶解在血液中的氮气因外界压力快速降低而产生气泡，发生减压病，通常会采用缓慢上升、逐步减压的方法使溶解在血液中的氮气逐渐排出。但即便如此，潜水员仍很难将部分溶解在体内的氮气排出。所以，在水肺潜水结束后，潜水员的体内会或多或少也溶有一定量的氮气，这需要潜水员在常压状态下保持长时间的正常呼吸，从而完全排出这些残留在体内的氮气。

在自由潜水中，因屏气时间的原因，潜水员需要快速上升返回水面。因此，如果潜水员在水肺潜水后立即进行自由潜水活动，体内残留的氮气会因外界压力快速降低而形成气泡，从而导致减压病。所以，只有当潜水员体内的氮气水平降低至正常水平，他们才能进行自由潜水活动。

（二）时间控制与禁忌

根据水肺潜水与自由潜水的生理学差异，潜水员严禁在进行水肺潜水活动后立即进行自由潜水活动，必须在体内的氮气水平恢复到正常水平后才能进行自由潜水活动。在结束水肺潜水活动后，潜水员体内的氮气水平需要多久才能恢复正常是因人而异的。根据经验，潜水员通常在进行无减压水肺潜水活动后，至少要保证间隔 12 小时才可进行自由潜水活动；如果连续几天多次进行水肺潜水，则至少要保证间隔 18 小时后才能进行自由潜水活动。

另外，与水肺潜水一样，潜水员在结束自由潜水活动后，也不能马上乘坐飞机，一般应在结束自由潜水活动 12 小时后才可乘坐飞机。如果在自由潜水活动中使用了潜水电脑表，应严格遵守潜水电脑表所显示的乘坐飞机的时间限制。

值得注意的是，自由潜水员潜入水下如果遇到水肺潜水员，决不能从水肺潜水员的呼吸器中呼吸高压空气，否则极易导致肺部过度扩张伤害或减压病。

第二节　自由潜水的心理技能训练

心理技能训练是自由潜水员训练不可或缺的组成部分，它对自由潜水员身体、技术及参赛战术水平都会产生影响。恰当的心理技能训练可促进自由潜水员心理素质不断提高，形成专项运动必需的良好个性心理特征，获得高水平的心理能量储备，从而具备自由潜水训练和比赛的要求，为达到最佳竞技状态和创造优异成绩奠定良好的心理基础。

从广义上讲，心理技能训练是有计划、有目的地对受训者的心理过程和个性心理施加影响的过程。而从狭义上讲，心理技能训练是采用特殊手段使受训者学会调节和控制自己的心理状态，并进而调节和控制自己行为的过程。

心理技能训练与技术、体能训练一样受到后天环境和实践活动的影响。心理素质可通过训练获得和提高。心理技能训练遵循一般技能学习的规律，必须经过长期、系统的训练，方可获得理想的效果。通过心理技能训练所获得的效果，具有显著的迁移性。因此，潜水员在长期、系统的自由潜水训练过程中，心理技能训练所形成的良好心理素质，可以迁移到其生活的方方面面，使其终身受益。

心理技能训练主要由目标设置、放松训练和表象训练三个方面构成。

一、目标设置

目标设置是指对动机性活动将要到达的最终结果进行规划。目标设置直接关系到动机的方向和强度。正确、有效的目标设置可以集中人的能量，激发、引导和组织人的活动，是行为的重要推动和指导力量。目标设置与动机、操作成绩及个性培养有着重要关系。

目标设置训练是根据有效推动行为的原则设置合理目标的过程。换句话说，它是通过科学、合理的目标设置训练激发潜水员的动机，使他们更高效地活动，以实现理想目标。

在目标设置中，长期目标和短期目标、具体目标和模糊目标、现实目标和不现实目标、任务定向目标和自我定向目标是 4 对具有重要关系的目标范畴。

（一）长期目标和短期目标

在生活中，人们总有某些想要实现的愿望和梦想。但是，目标与这些长期的、一般性的愿望和梦想不同，目标是相对较短时期的行为目的。愿望与梦想可能使我们体验到生命的意义和价值，保持前行的勇气，并使行为具有一定的方向。而目标则是将这种可能转变为现实的第一个重要环节，是将愿望和梦想转变为切实可行的计划。因此，目标更注重短期规划，这也是目标之所以如此重要的原因。

一般来说，人们都会有自己的长期目标，但是，有相当一部分的人并不善于将自己的长期目标化整为零，转变为中期和短期目标。人们如果能将长期目标转化为中短期目标，就有利于激发积极性和增强自信心。因为每实现一个小的中短期目标，人们便会感到自己的进步，体会到努力所带来的成绩提升，并产生不断克服困难以达到下一个目标的信心。因此，短期目标最容易见效，对人的行为最容易产生立竿见影的推动作用。但是，短期目标必须有长期目标做引导，才能使人的行动更加自觉，在实现目标的过程中坚持不懈。

在具体的实践中，只有将长期目标和短期目标有机地结合，并且根据个体的差异和现实情况将两者的难易程度进行合理设置，才能有效达成推动行为的效果。例如，想要进一步提高自身的自由潜水屏气能力，设置一个“我争取 3 年内将原本的 4min 最长闭气时间延长到 7min”的长期目标。为实现这个长期目标，潜水员可以根据自己目前的实际情况和水平，设置一个“我每周做 3 次自由潜水训练、每次做 3 组屏气训练，每组做 10 次 2min 的屏气训练，间歇时间 1min，在 1 个月内将屏气时间提高 10%”的短期目标。1 个月后达到短期目标所设置的屏气水平后，再进一步设置下一个短期目标，直到达到长期目标所设置的屏气水平。

（二）具体目标和模糊目标

精确量化、可进行数量分析的具体目标对于激发人的动机最为有效；而模糊抽象、无法进行数量分析的模糊目标则对于激发人动机的作用较小。

实验证明，设置量化的、可测量的具体目标，会比仅仅设置抽象的、一般性的模糊目标产生更大的动机推动作用并导致更好的成绩。具体的目标不仅有助于明确而有效率的行为，有助于结果的评估，还有助于定量检验是否到达目标，这种反馈对于目标的动机功能具有极重要的意义。而模糊的目标无法进行结果评估和量化检验，很难起到促进动机的作用。例如，潜水员如果只是设置“我的目标是要在 1 个月内尽最大努力争取提高自由潜水时的深度”这样抽象的模糊目标，就不如设置“我的目标是在 1 个月内将自由潜水深度增加 10m”，精确量化的具体目标更容易激发潜水员提高自由潜水深度的动机。

（三）现实目标和不现实目标

现实目标是指通过一定的努力即可达到的目标；而不现实目标是指不论通过多少努力也根本不可能实现的目标。

在现实目标的指导下，人们通过一段时间的努力，有可能取得成功，从而提升人们达到目标的自信心，有利于激发人的动机。那些根本不可能达到的不现实目标，作为一个理性的人往往不会接受，当然也几乎不会产生推动行为的效果，甚至会降低人们的兴趣，打击自信心。例如，自由潜水员如果将目标设置为“在1年的时间内将自己原本5min的静态屏气时间增加到7min”，经过1年的不懈努力是完全有可能达到的，并且在实现这个目标的过程中，随着屏气时间不断地接近7min，可以极大地提高潜水员的自信心，从而进一步激发动机。如果他将目标设置为“在1年的时间内将自己原本5min的静态屏气时间延长到30min”，这显然是不可能达到的不现实目标，而且在经过一段时间的努力后，当自由潜水员发现距离实现这个目标还非常遥远甚至希望渺茫时，会极大地打击其自信心，此时非但不能激发动机，还可能使其对自由潜水失去兴趣。

值得注意的是，在设置现实目标时，如果人们将目标设置得过于容易，同样也不能充分调动和激发人的兴趣，不利于挖掘人的潜力。只有富有挑战性的、困难的，但经过努力可以达到的现实目标，才能较好地激发人的动机，进而推动行为的发生，忌“过犹不及”。所以，在设置目标时应该根据自己的实际情况进行合理设置，既要有挑战性，也要有通过不懈的努力、克服困难得以实现的可能。例如，“在1年的时间内将自己原本5min的静态屏气时间增加到7min”的目标经过努力是完全有可能达到的，但需要潜水员努力克服困难，不断挖掘自身的潜力。而“在1年的时间内将自己原本5min的静态屏气时间增加到5.5min”的目标则太过容易，几乎没有挑战性，难以发现和挖掘潜水员的更多能力，也不利于激发动机。

（四）任务定向目标和自我定向目标

任务定向目标指纵向地自己与自己相比，注重个人努力，以掌握技能、完成任务为心理定向的目标。自我定向目标是指自己与他人横向地相比，注重社会参照、以超过他人为心理定向的目标。

任务定向目标有助于维持和提高内部动机，在实现任务定向目标的过程中，只要自己全力以赴并刷新个人纪录，就会增强自信心，产生成就感，从而激发积极的情绪和兴趣。古语“素位而行”强调的就是以任务为定向的思想，即安于现在所处的地位，并努力做好应当做的事。这样无论情形如何，都会悠然自得。自我定向目标对内部动机往往有一定的损害作用，在实现自我定向目标的过程中，即使自己的成绩与他人相同，但只要自己付出的努力少一些，也会产生成功感。这种思想的最大害处是，当事人会受制于人，受制于外界，而外界是不以当事人的意志为转移的，如果设置自我定向目标，则十有八九不如意，容易产生不如人的挫败感，使自己的自信心受到打击，严重影响自己对实现目标的兴趣和热情，甚至导致放弃。

在自由潜水活动中，你的潜伴比你屏气能力更强，甚至其各方面的表现都优于你。当你将“我一定要在一年的时间内超过他的屏气时间和下潜深度”作为激励自己的目标时，就会在自由潜水过程中总是跟他作比较，一旦无法达到他所具备的能力和水平，则久而久之“相形见绌”的挫败感会让你感到自由潜水运动的无趣和压力，进而产生放弃的念头。如果你将“我一定要在一年的时间内将自己的屏气时间和下潜深度都提高 10%”作为目标，在自由潜水过程中不去跟潜伴的能力和水平作比较，而是只专注于自己的能力和水平是否在不断进步，以今天的自己跟昨天的自己相比，并且期待明天又会有新的提高，则你将会体验到进步的喜悦，进而会增强自信心，产生成就感，激发继续参与这项运动的兴趣和热情，你在自由潜水运动中的技术水平也会越来越高。

二、放松训练

心理上的放松可以使人产生心率减慢、呼吸平缓、外周血流增加、神经肌肉松弛等生理效应。在放松的状态下，人体大脑皮层的唤醒水平下降，交感神经系统的兴奋性下降，使人体耗能减少，血氧饱和度增加，血红蛋白含量及携氧能力提高，消化功能提高，有助于调整机体功能，提高心理素质。因此，放松在自由潜水中非常重要，在放松状态下，潜水员不仅可以显著地提高自己的屏气时间、下潜深度、抗压能力等自由潜水技术水平，甚至在自由潜水安全保障方面也起到极为重要的作用。

（一）概念

放松训练指的是通过呼吸放松、想象放松、静坐放松、自律放松等方法，使人体产生深度的肌肉放松，达到松、静、自然的状态。例如，气功、太极拳、瑜伽、坐禅等都是通过调整姿势、呼吸、意念等达到放松的目的。

在自由潜水中，放松训练通常以调节呼吸为主要手段，并将想象、意念、安静等放松方法与调节呼吸相互配合，使潜水员的肌肉得到充分放松，从而调节中枢神经系统兴奋性，减少机体的耗能，提高潜水员自由潜水的能力。例如，在静态屏气前的调息，潜水员就是在安静状态下调节自己的呼吸，从而降低中枢神经系统的兴奋性，使全身的肌肉自然放松，身体进入最低耗能状态，进而延长静态屏气时间。

很多自由潜水员将静态屏气比喻为“禅定”,类似于心理学中的“心流体验”。“心流”指的是一种将个人精力完全投注在某种活动上的感觉，通俗地讲，心流就是人们全身心投入某件事的一种心理状态。当拥有心流体验时，你可以全身心地投入一件事，达到忘我的程度，感觉自己全神贯注，每一个动作、想法都如行云流水一般发展，所有的能力都被发挥到极致，并由此获得内心安宁。因此，在静态屏气时，若潜水员完全进入“心流体验”的感觉，则会产生类似“禅定”的大脑和身体的“投降”，以一种信任的态度放掉身体和大脑所有的“森严戒备”，最终达到“彻底放松”，从而进入“最低耗能”状态。

（二）作用

人体的大脑与骨骼肌之间具有双向联系的特征，即它们之间的联系信号不但由大脑传给肌肉，也由肌肉传给大脑。当肌肉活动量减少时，肌肉传向大脑的冲动就会减少，使大脑的兴奋性降低，心理上自然就会更加放松。同样，心理上的放松使大脑的兴奋性降低，也会反过来促进肌肉的放松。因此，当人的心理紧张时，自然会引起骨骼肌紧张，进而会浪费大量能量；而心理放松时，骨骼肌也自然放松，能量消耗降低。

放松训练后，人的大脑会呈现一种特殊的放松和安静的状态，简称为“静松”状态。这种状态有别于日常的清醒状态、做梦状态或者无梦睡眠状态，可以通俗地将其称为“半醒意识”状态。此时，人的受暗示性极强，对言语及其相应的想象特别敏感，容易产生符合言语暗示内容或想象情景的行为意向。因此，经过放松训练后，人在心理充分放松的状态下，其表象训练的效果会更加显著。

综上所述，放松训练具有降低神经系统的兴奋性，降低由情绪紧张而产生耗能，身心得到适当休息并加速疲劳恢复，增强表象训练的效果，可以为进行其他技能训练打下良好的基础。

（三）时机

在充分了解放松训练在自由潜水中的重要作用，并熟练地掌握一些自由潜水的放松训练方法后，就可以在以下情况下使用放松方法。

1. 表象训练前

在表象训练前先进行放松训练，有助于自由潜水员集中注意力，使表象更为清晰、逼真和稳定，从而取得更加显著和良好的自由潜水表象训练效果。

2. 训练课后或睡眠前

在自由潜水训练课后或睡眠前进行放松训练，有助于自由潜水员消除训练后的疲劳，使身心得到充分放松，加快体能的恢复。

3. 自由潜水训练或比赛前

在自由潜水训练或比赛前进行放松训练，有助于自由潜水员在训练或比赛中降低能量消耗，使唤醒水平处于最佳状态，从而提高训练水平和比赛成绩。

三、表象训练

表象又称记忆表象。在心理学中，表象指的是过去感知的事物形象在头脑中再现的过程，即曾经感知的事物不在面前，而在脑中再现出来的心理形式。表象可以是视觉、听觉、嗅觉、味觉、触觉及动觉等各种感觉的映象。在体育运动中，动觉表象对各种动作和运动技能的形成极为重要，有助于运动员对专项运动技能形成动作记忆，使其更好地掌握运动技术动作，提高专项运动成绩。

（一）表象训练的概念

在体育运动中，表象训练是指有意识地、积极地利用自己头脑中已经形成的运动表象，回顾、重复、修正、发展和创造自己的动作。

表象训练是体育运动领域最为普遍的一种心理技能训练，被视为体育心理技能训练的核心环节。表象训练是在暗示语或想象情景的指导下，运动员的头脑中反复回顾和想象某种运动动作或运动情景，从而提高运动技能和情绪控制能力的过程。

表象训练有利于运动员建立和巩固正确动作的动力定型、熟练动作、加深对技术动作的记忆，从而提高运动员的专项运动技术水平。如果在测验前或比赛前成功地进行动作表象体验，可以起到动员和激励运动员的作用，使运动员迸发出高昂的斗志和必胜的信念，进而达到最佳竞技状态。

（二）表象训练在自由潜水训练中的应用

在自由潜水训练中，表象训练是常用的重要训练手段。表象训练可以让潜水员有一种身临其境的感觉，充分理解自由潜水的运动技能，了解、学习和掌握自由潜水专项技术。

自由潜水表象训练的基本方法是，在进行任何自由潜水活动之前，可以首先进行 3 分钟左右的放松练习。当放松练习结束时，潜水员感觉自己已经进入专注的放松状态后，即可开始在大脑中表象将要练习的自由潜水技能的过程。

例如，在做恒重有蹼下潜的表象训练时，潜水员可以闭上眼睛，尽量保持呼吸放松；然后表象自己的身体俯卧在水面，一只手抓住水面浮标，并且感受到水与身体的接触，耳朵听到周围教练员的声音、水的声音，以及自己通过呼吸管呼吸的声音；接着表象自己深吸了一口气后，将呼吸管从口中拿开，并做一次耳部加压动作；然后表象自己用力拉扯浮标，身体开始鸭式下潜，感觉自己仿佛“丝般柔滑”地破水而入，开始下潜，并用力划了一下手，开始沿着下潜绳踢动脚蹼下潜，感受到自己在下潜时用力踢动脚蹼的动作，并且在不断地完善脚蹼踢动动作，同时也适时地平衡耳压。总之，潜水员对整个恒重下潜的过程，按照合理的逻辑顺序，清晰地在大脑中回顾和想象，使得下潜过程的每个细节都如同“放电影”一样清晰地展现在面前，并且可以根据需要“加速”“减速”或者“暂定”想象的画面，同时使听觉、视觉、触觉等感观产生身临其境的感受，直到熟练掌握整个恒重下潜的技术动作。

本章复习思考题

1. 自由潜水时常见的生理问题有哪些？
2. 什么是超呼吸？它对自由潜水有哪些危害？
3. 自主控制功能丧失的潜水有哪些征兆？

4. 自由潜水中昏厥的原因和特点是什么?
5. 自由潜水恢复呼吸的方法是什么?
6. 自由潜水活动后有哪些禁忌?
7. 如何在自由潜水训练时设置目标?
8. 放松训练对自由潜水有何影响?
9. 在什么时机下进行自由潜水的放松训练?
10. 自由潜水员如何进行表象训练?

第五章 >>> CHAPTER 05

自由潜水基本技术

正如其他运动项目一样，自由潜水活动也有一些必备的基本技术。学习和掌握这些基本技术不仅能让我们学会自由潜水，为提高自由潜水技术水平奠定扎实的基础，而且有利于保证水下安全，从而更轻松、愉悦地享受整个自由潜水过程。

自由潜水的基本技术主要包括下潜前的准备、自由潜水技能和压力平衡技巧三部分。需要注意的是，所有自由潜水的基本技术的掌握和提高，必须按照循序渐进的原则，万万不可冒进，要牢记自由潜水训练更重要的是为了愉悦地享受其过程，而不是盲目竞赛，切勿为了追求纪录，而忘记训练的初衷。

第一节　下潜前的准备

俗话说，好的开始，是成功的一半，这句话尤其适用于自由潜水运动。下潜前的准备，是自由潜水活动至关重要的环节。如果没有进行正确、充分的下潜前准备，很难在自由潜水活动中获得满意的成绩。几十年前，人们在进行自由潜水时，往往采取“超呼吸”的方式进行自由潜水下潜前的准备，而随着潜水科学技术的发展，如今人们已经知道超呼吸是下潜前非常危险的准备方式，应该予以禁止。

正确的自由潜水下潜前的准备包括拉伸、调息、放松三个方面。世界上第一位将拉伸、调息和放松技巧带入自由潜水的人是法国自由潜水大师雅克·梅奥（Jacques Mayol），他也是世界上第一个自由潜水下潜到100m水深的人，著名潜水主题电影《碧海蓝天》，就是根据他的真实故事改编的。他将古老的东方瑜伽方法与西方的“自体训练法（autogenic training）”结合起来，用“放松的自由潜水”

代替了“强迫的自由潜水”，这也意味着整个自由潜水的训练手段与准备方式发生了彻底的改变，这种方式的自由潜水令人着迷，带给人们非常美妙和安全的体验。

通常来说，在进行下潜前的准备时，拉伸、调息和放松三者按一定的顺序进行，但它们之间也有重叠。第一步是拉伸，同时配合调息和放松；第二步是开始屏气前的调息，同时保持放松。放松和调息须伴随准备活动的始终。

一、拉伸

自由潜水所使用的拉伸方法大多来自瑜伽，以瑜伽为基础的拉伸训练方法可以有效地提高身体柔韧性，同时也可以通过拉伸训练增强肌肉的延展性和弹性，以达到节省氧耗、增大肺活量、防止运动损伤等目的，这对于获得良好的自由潜水表现至关重要。

（一）作用

对于自由潜水下潜前的准备来说，拉伸的作用主要有以下 6 个方面。

第一，节省耗氧量。当肌肉的黏滞性较大时，如果肌肉收缩或被拉长，需要额外消耗更多能量。所以，拉伸关节周围的肌肉，可以有效降低肌肉的黏滞性，在做技术动作时可降低耗氧量。例如，为保持身体的流线型，自由潜水员在动态游动过程中须将双手交叉放置于头顶。但是，如果潜水员的肩关节柔韧性较差，则须消耗更多的氧才能保持这个姿势，而较好的肩部柔韧性则可以节省这部分的耗氧量。

第二，防止运动损伤。通过拉伸，肌肉可以获得更好的延展性和弹性，这有助于防止运动损伤。例如，潜水员拉伸肋间肌和横膈膜，可增加其延展性和弹性，在下潜过程中，随着周围水压的不断增大，富有弹性的肋间肌和横膈膜可以有效地预防肺部挤压伤。

第三，预防发生局部痉挛。潜水员在进行自由潜水活动前后进行拉伸，并结合适度饮水，可以有效地预防潜水员在运动时发生局部痉挛。

第四，使耳压平衡更加轻松。颈部肌肉与耳压平衡的肌肉相连，如果颈部肌肉僵硬，会使耳压平衡更困难，所以，潜水员在下潜之前做一些颈部肌肉拉伸训练，可以更轻松地保持耳压平衡。

第五，降低余气量[①]。每个人的余气量是不同的，对于同一名自由潜水员，余气量越少，则意味着轻松、安全下潜更大深度的可能性越高。例如，一位尚未掌握"满口"耳压平衡法的潜水员下潜到30m水深时便到达余气量，这意味着他无法继续从肺部"提出"空气用于平衡耳压，那么30m水深便是他能达到的最大深度；而如果通过拉伸训练降低了该自由潜水员的余气量，那么当他再次下潜到30m水深时，还可以继续从肺部"提出"空气以供耳压平衡，那么他就可以超越30m水深，继续到达更大的深度。

第六，增大肺活量。通过拉伸训练，自由潜水员可以增加肺活量，这意味着可以在肺部保存更多的空气，则潜水员屏气潜水时间也就会更长，深度也会更深。

（二）训练方法

体育运动的拉伸训练方法有很多。针对自由潜水运动的特点和需要，潜水员需要学习和掌握一些颈部、胸部、背部、肩部、腹部及腿部等身体部位的相关拉伸训练方法，以便在下潜前准备的拉伸环节中加以运用。

1. 颈部拉伸（图5-1）

涉及肌肉：胸锁乳突肌。

动作要领：坐位或站位，背部挺直，双手上推颌骨，轻轻地抬头向上伸展。

图5-1　颈部拉伸

① 余气量指的是最大呼气后，尚存留于肺中不能再呼出的气量。

2. 颈部侧屈拉伸（图 5-2）

涉及肌肉： 胸锁乳突肌和斜方肌上部。

动作要领： 坐位或站位，身体直立，将头倾斜到左边，耳朵靠向左肩，相反的方向重复练习。

图 5-2　颈部侧屈拉伸

3. 扶墙胸部拉伸（图 5-3）

涉及肌肉： 背部、胸部最宽的肌肉。

动作要领： 站在墙壁或者门旁边，一只手臂伸直向一侧伸展扶住墙壁或者门，手臂与肩膀同高，躯干向另一侧旋转拉伸。充分拉伸后，换另一侧重复训练。

图 5-3　扶墙胸部拉伸

4. 三角肌拉伸（图 5-4）

涉及肌肉： 外侧三角肌。

动作要领： 站立位，一侧手臂伸直，另一侧手臂轻轻向后按压拉伸侧肘关节以增加肌肉的伸展。换另一侧手臂重复上述练习。

图 5-4　三角肌拉伸

5. 肱三头肌伸展（图 5-5）

涉及肌肉： 肱三头肌。

动作要领： 一只手抓住另一只手的肘部，用力向头部拉伸，配合呼吸，充分拉伸后，换另一侧重复练习。

图 5-5　肱三头肌伸展

6. 斜方肌拉伸（图 5-6）

涉及肌肉： 斜方肌。

动作要领： 站立位，双腿并拢，微微屈膝，双手抱头向前倾斜，下巴向胸部回收，做含胸动作。

图 5-6　斜方肌拉伸

7. 背阔肌拉伸（图 5-7）

涉及肌肉： 背部、胸部最宽的肌肉。

动作要领： 距离墙面一定距离站立，双手扶墙，身体与地板平行，保持背部伸展。然后从胸部开始慢慢弯曲下压。

图 5-7　背阔肌拉伸

8. 背部拉伸（图 5–8）

涉及肌肉：背部肌肉。

动作要领：双膝跪于地面，双腿并拢，臀部坐向脚后跟，身体向前，试图用额头触地。

图 5–8　背部拉伸

9. 腹部拉伸（图 5–9）

涉及肌肉：腹直肌和腹外斜肌。

动作要领：身体成俯卧位，双手撑地伸直，挺胸，腹部放松，保持耻骨与地面始终接触，缓缓抬起上身，直到腹部有拉伸感。

图 5–9　腹部拉伸

10. 腹斜肌拉伸（图 5–10）

涉及肌肉：腹外斜肌。

动作要领：将一只手放在站立腿的前面，背部挺直，抬起对侧手臂，让髋部由前向后打开。

图 5–10　腹斜肌拉伸

11. 仰卧位、坐位转髋拉伸（图 5–11）

涉及肌肉：臀部和腹外斜肌。

动作要领：身体成仰卧位，一侧膝屈曲并向对侧伸，身体向对侧扭转，直到充分拉伸，换另一侧重复上述动作。也可以采用坐位拉伸。

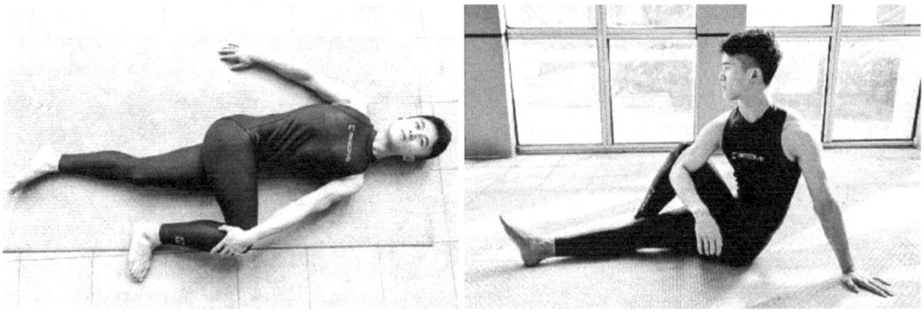

图 5–11　仰卧位、坐位转髋拉伸

12. 腘绳肌拉伸（图 5–12）

涉及肌肉：腘绳肌。

动作要领：站立位，一只脚在前，脚跟触地，背部挺直。双手放在髋部，从髋部开始向前折叠，充分拉伸后，换另一条腿重复上述动作。

图 5–12　腘绳肌拉伸

13. 内收肌拉伸（图 5–13）

涉及肌肉：内收肌、腘绳肌。

动作要领：坐在地板上，双腿伸直打开，膝盖不要弯曲，身体向前倾斜，双手沿着双腿向前伸展。

图 5–13　内收肌拉伸

14. 内收肌屈膝拉伸（图 5-14）

涉及肌肉：内收肌。

动作要领：屈膝坐位，两脚底相对，背部挺直，轻轻地将双手放在膝盖内侧，下压将臀部和膝盖向下靠近地面。

图 5-14　内收肌屈膝拉伸

15. 臀大肌拉伸（图 5-15）

涉及肌肉：髋屈肌。

动作要领：坐位，挺直背部，慢慢地将一侧腿拉到胸前，充分拉伸后，另一侧腿重复上述动作。

图 5-15　臀大肌拉伸

16. 胫前肌拉伸（图 5-16）

涉及肌肉：前胫骨。

动作要领：坐在地板上，左脚收回，用手握住左脚放在右侧腿上，然后右脚收回，重复此动作。

图 5-16　胫前肌拉伸

17. 腘绳肌坐位拉伸（图 5-17）

涉及肌肉： 腘绳肌和小腿肌肉。

动作要领： 坐在地板上，双腿并拢伸直身体，向前折叠。

图 5-17　腘绳肌坐位拉伸

18. 横膈膜伸展（图 5-18）

涉及肌肉： 腹肌、上胸肌和肩部肌群。

动作要领： 除拉伸肌肉外，还能进行横膈膜拉伸。双臂贴耳举起，向上伸展，再收回，收紧背部，头部、双臂以及躯干应在一条直线上。保持该姿势一段时间，然后放松，回到原始位置。也可做侧向伸展。

图 5-18　横膈膜伸展

19. “最伟大的拉伸”（图 5-19）

涉及肌肉： 髋关节、大腿后侧肌群、腰部、躯干、腹股沟、屈髋肌及股四头肌。

动作要领： 前侧腿弯曲 90°，后侧腿伸展，身体前倾与前侧腿在同一水平，旋转胸椎 45°。

图 5-19　“最伟大的拉伸”

二、调息

如果说呼吸是人体内、外气体交换的生理过程，那么调息（图 5–20）与呼吸则略有不同。在自由潜水的下潜前准备阶段，调息是指潜水员通过有意识地调整呼吸的频率和深度，以达到身心放松的目的。自由潜水活动是一个屏气过程，在整个潜水过程中潜水员须屏住呼吸，因此，在自由潜水过程中，潜水员如何高效率地利用“仅存”的空气显得尤为重要。在下潜前准备阶段，通过 2~5min 的调息，潜水员的身心逐渐开启“自由潜水模式”，即心率降低、全身肌肉放松、生理代谢活动降低，其耗氧量也随之降低，血液中的氧和二氧化碳浓度达到适合屏气的最佳浓度。这样做可以为后续的下潜活动做好准备，不仅有助于潜水员在潜水过程中降低耗氧量，还会增强潜水员屏气时对自己生理状态的感知能力，有利于放松并获得内在的平静，从而极大地提高潜水员在自由潜水时的能力，使自由潜水活动更加安全和愉悦。

图 5–20　调息

（一）屏气前的呼吸方法

呼吸是人时时刻刻都在进行的生理活动，但人们往往也最容易忽视呼吸。在日常生活中，人们会因为呼吸短促而出现换气量偏小，没有充分利用肺部的气体交换空间，使得自身血液中的含氧量降低，二氧化碳堆积，人体处于亚缺氧状态。如果人们长期处于这种状态，就会出现乏力、头晕等症状，甚至可能引发各种慢性病。因此，人们要充分利用肺部的气体交换空间，尽量提高肺部交换内、外气体的能力，以改善自身的生理状况，这也是我们为什么要经常进行体育锻炼的重要原因之一。

在下潜前的准备阶段，正确的呼吸非常重要。屏气前的呼吸方式应采用胸式和腹式联合的深呼吸（简称胸腹式深呼吸），同时保持吸气和呼气的时间比例约为 1∶2，使潜水员的胸部和腹部的相关肌肉、器官保持较大幅度的运动，肺部能吸入更多的新鲜空气，并尽量排出肺部残留的二氧化碳及其他代谢产物，从而使血液循环得以加强，充分供给各脏器所需的氧分，提高或改善脏器功能。采用胸腹式深呼吸，是因为人呼吸时真正发生气体交换的器官在肺泡中，而不在气管或口腔，胸腹式深呼吸可以使呼吸深入肺叶下部肺泡，充分利用了整个肺部的肺泡，这对于吐出肺部残留的二氧化碳及其他代谢产物、吸入更多的氧气是极为有利的。通常，保持 3~5min 吸气和呼气时间比例约为 1∶2 的胸腹式深呼吸，人的心率就会下降，各个器官的耗氧量也随之降低，同时大脑也开始变得安静，大脑细胞的新陈代谢减慢，显然，这对于随后将进行的自由潜水的屏气是非常有益的。

胸腹式深呼吸的优势在于，使人放松和平静。例如，有很多心理医生就是通过深呼吸的方法来帮助患者调节与舒缓心理情绪，缓解患者的紧张状态，使其能够充分放松。因此，在自由潜水的下潜前准备阶段，如果保持一段时间深长缓慢的胸腹式深呼吸，将有利于潜水员放松心情，这是下潜前重要的放松手段之一。

（二）训练方法

掌握正确的自由潜水下潜前准备的胸腹式深呼吸，要经常进行呼吸训练，直到能够自然、轻松地运用。呼吸训练的具体方法分为以下几步。

第一，选择空气清新的地方，背部伸直成端坐姿，大腿与地面平行，两脚平放，并将手自然地放在大腿上。

第二，用鼻子进行自然的深吸气，先使腹部扩张，然后使胸部扩张，想象空气充满了整个胸腔和腹腔。

第三，腹部和胸部完全扩张达到极限后，屏气几秒钟，然后通过鼻子逐渐呼出气体。

第四，呼气时，先收缩胸部，再收缩腹部，尽量排出肺内的残留气体。

第五，如此反复地进行吸气和呼气，每次训练 3~5min。

需要注意的是，在进行上述训练时，要保持吸气和呼气的时间比例约为 1∶2，即呼气时间要比吸气时间长。另外，要保持呼吸节奏舒缓自然，注意呼吸的深度和程度，并始终使身体处于放松状态。

在胸腹式深呼吸的训练过程中，我们还可以通过感知自己的呼吸，了解自身的生理状况，这一点对自由潜水来说，是至关重要的。当我们进行自由潜水活动时，为了降低能量消耗，必须感知身体哪些肌肉是紧张的，哪些肌肉是放松的，从而降低一些无用肌肉的紧张度，达到减少能量消耗的目的。感知呼吸便是感知自己身体状况的第一步，因此在进行呼吸训练时要形成感知自己呼吸的习惯，尝试着"感受"呼吸贯通整个身体。一开始我们可能会感觉不太习惯，但随着持续训练，我们会对自己的呼吸更加敏感。

三、放松

人们在刚开始学习一项新技能时，往往会因为没有掌握相关的技巧而感到紧张，很快就产生疲劳感。例如，在刚开始学习骑自行车时，人们会浑身紧张、满头大汗，骑一会儿就会感觉疲劳。这是因为骑行技术不熟练，在做动作时身体的主动肌、拮抗肌、协同肌与稳定肌之间的配合不协调，动作效率低下，大量肌肉做无效功，从而消耗大量的能量，导致短时间内产生疲劳。但是，如果经过反复练习，人们逐渐掌握了平衡技巧，肌肉之间的配合趋于最优化状态，使能量的消耗大幅降低，骑自行车就会变成一件很省力的事。学习自由潜水也是同样的道理，潜水员如果没有掌握正确的技术动作，在潜水过程中不能使自己放松，也会导致一些不必要的肌肉紧张，从而增加自由潜水时的耗氧量。因此，在自由潜水中，放松是极为重要的技能，只有学会放松，才能够在自由潜水活动中有良好的表现，使其成为一项轻松愉快、自然惬意的运动。

在下潜前的准备阶段，潜水员就要放松。下潜前的放松不仅贯穿于下潜前的拉伸和呼吸之中，使拉伸和呼吸具有更好的效果，而且直接影响自由潜水员随后在水下的状态，进而决定了其在自由潜水活动中的表现。因此，要成为一名合格的自由潜水员，首先就要高度重视下潜前的放松，并熟知下潜前放松的机制，能够熟练掌握和运用下潜前放松的训练方法。

（一）机制

从生理学角度来说，放松可以降低人体内二氧化碳的含量，增加血氧饱和度。如前文所述，其生理学原理是，如果人体处于静止状态（最好达到接近睡眠的状态）时，人体的耗氧量会大大降低，此时静脉血液中的血氧饱和度较高，而二氧化碳的含量相对较低；反之，当人在运动时，人体维持运动的各个器官和肌肉需要消耗大量的氧气，同时会产生大量的二氧化碳，这时静脉血液中的血氧饱和度就会显著降低，其二氧化碳的含量也会升高。据此，如果人在屏气前保持3~5min的放松状态，就可以有效提高血液中的血氧饱和度，并降低血液中的二氧化碳含量，从而为随后的屏气储备更多的氧气，同时减少了二氧化碳含量，使屏气时间得以大大延长。我们可以想象身体血管中流动的是携带氧气或者二氧化碳的"大卡车"，当人体处于静止状态时，大卡车上将装载更多的氧气，装载的二氧化碳就会减少。

因此，在自由潜水下潜前能够保持充分的放松状态，是自由潜水员必须掌握的重要基本功，其放松的程度与其在自由潜水中的表现直接相关。在下潜前的准备阶段，潜水员要学会不受内外刺激的干扰，保持精神放松状态，进而使自己身体的各个器官和肌肉能够彻底放松。

（二）训练方法

人的身心放松不仅是正确掌握和运用放松训练方法的结果，在更大程度上是心理放松训练的结果。我们知道，人们通过体育运动不仅可以有效地改善自身的生理状况，更重要的是体育运动可以使人获得精神上的愉悦，缓解因工作或其他原因所形成的心理压力，从而达到放松身心的目的。自由潜水活动也不例外，而且自由潜水相较于其他体育运动项目更能使人充分释放心理压力，每次下潜都像是经历一场精神的路程、一次超越时间的旅行。

在下潜前能够保持身心放松对一名自由潜水员来说非常重要。当然，能够在下潜前的准备中达到完全放松，则需要系统地放松训练。

深呼吸是下潜前放松的重要手段之一，也是身心放松的最好方法。深呼吸不仅能促进人体与外界的氧气交换，使人的心跳减缓，血压降低，更重要的是深呼吸能转移人在压抑环境中的注意力，保持镇静，提高自我意识，能够让人重新控制情感，缓解焦虑情绪。用深呼吸进行下潜前的放松时，要采取正确的胸腹式深呼吸方法，还可以加入瑜伽、冥想等方法，达到更好的放松效果。

一名合格的自由潜水员能够在下潜前达到身心完全放松，不仅是掌握正确放松训练方法的结果，更重要的是心理训练的结果。自由潜水员心理上的完全放松除了有助于生理上的放松之外，还为自由潜水员的大脑倾听身体，进而管理身体创造了条件，使其可以从下述三个层面获得积极的放松效果。

第一，在大脑层面，识别并且直面任何关于自己的不合理、限制性的观念，例如感觉自己不行、害怕失去知觉等降低学习效率的消极思想。这需要进行长时间的观察，冥想练习也是较快觉知自我、发现自我的有效途径。同时，潜水员也要充分理解人体生理知识，从而减少不合理观念的负面影响。

第二，在身体层面，放松训练可保持潜水员对自己肌肉的关注，减少不必要肌肉的耗能。很多自由潜水员往往会无意识地形成面部、腹部或肩颈部的肌肉紧张状态，这将大大地增加耗氧量。因此，在放松时要学会关注自己的所有肌肉，也就是感觉每块肌肉的状态是放松还是紧张。因此，要有意识地放松不必要的肌肉紧张，进而降低耗氧量。当然，感知自己肌肉状态的第一步是感知自己的呼吸，通过感知自己的呼吸，自己对自身的生理状况会更加敏感。

第三，在精神层面，要学会关注自己的情绪，一旦发现自己有负面情绪时，一定要进行处理，否则在情绪紧张时会释放大量的肾上腺激素，导致心率加快，耗氧量升高，不利于屏气时的表现。

上述三个层面的放松练习需要持续训练才能达到理想的效果，恰当的放松训练不但有助于提高自由潜水时的表现，而且可加深对自我的认识，将自身的心理状态与生理状态有机地结合起来，敏锐地感知自己的身心状态，从而使自己能够轻松自如地进入身心完全放松的理想境界。

第二节　自由潜水技能

在进行自由潜水活动时，以最少的氧气和能量消耗完成最高效的水下动作，是自由潜水员最重要的能力之一。为实现这个目标，潜水员必须熟练掌握和运用自由潜水技能，使所有动作和技巧的效率都能够达到最优化，减少无用功。例如，很多自由潜水初学者在下潜时，由于躬身下潜的动作技巧掌握和运用得不够流畅，长时间费力、无效地“打动脚蹼”，甚至要借助“划手”进行“挣扎式下潜”，因此消耗了大量的能量和体内储备的氧气，同时体内生成大量的二氧化碳，严重制约了潜水员的屏气时间和下潜深度。对于下潜动作技巧掌握和运用纯熟的自由潜水员，整个下潜过程动作流畅、省力，从而降低氧气和能量消耗，他们可潜得更深、更久。

对于自由潜水员来说，熟练掌握和运用自由潜水技能非常重要，是从事自由潜水活动的基础，学习者应该引起足够的重视。自由潜水技能主要包括基本技能、脚蹼踢动、下潜与上升，以及协助上升与水面救援。

一、基本技能

面镜排水、呼吸管呼吸与排水和水中站立等动作技巧是自由潜水的基本技能。在学习自由潜水技能时，首先要熟练掌握这些基本技能，在此基础上再学习和掌握更多的自由潜水技能。

（一）面镜排水

在进行自由潜水活动的过程中，水有可能通过不同方式进入面镜，例如，在水下大笑或微笑，面部肌肉活动会导致水进入面镜；或者面镜被旁边的潜水员不小心踢碰造成进水；又或者鼻子用力向面镜呼气，造成面镜边框密封不严而进水等。当发生面镜进水时，潜水员的视觉会受到影响，无法正常观察水下环境，甚至有可能造成潜水员产生紧张和恐慌情绪，进而导致发生危险。因此，在进行自由潜水活动时，若发生面镜进水，潜水员应及时将水排出面镜，这就需要学习排水原理，并熟练掌握和运用面镜排水技术。

1.原理

面镜排水的基本原理是，用空气将进入面镜里的水置换出去。对于自由潜水来说，潜水员将肺部储存的空气通过鼻子呼进面镜，使面镜里的空气压力增加，利用空气压力将进入面镜的水从密封边沿挤出面镜外。显然，对于自由潜水来说，面镜排水的前提是潜水员的肺部有充足的空气储备，否则无法完成面镜排水。

2.步骤

在自由潜水中，通常采用下部排出的方法进行面镜排水，即利用空气压力将进入面镜的水从面镜的下沿处排出，其具体步骤包括以下几个方面。

（1）当面镜内有积水时，潜水员应低头，将下巴放低，以避免水呛到鼻子。

（2）用手指按住面镜上沿的顶框部位，使面镜的上沿保持密封（图 5-21），防止潜水员用鼻子向面镜内呼气时，面镜内的空气压力增大而使得空气从面镜上沿漏出。

图 5-21　固定面镜上框

（3）潜水员开始用鼻子向面镜内呼气，并在呼气的同时，将头慢慢地向后仰（图 5-22），随着空气不断注入，面镜内的空气压力逐渐增大，将进入面镜的水从面镜的下沿密封处挤出。

图 5-22　抬头、鼻子呼气

需要注意的是，在自由潜水活动中，潜水员肺部储存的空气是进行面镜排水的唯一空气，显然，潜水员肺部储存的空气量是非常有限的，这就要求潜水员在进行面镜排水时要尽量提高排水效率，也就是说，争取用尽量少的空气量完成面镜排水。因此，熟练掌握和运用面镜排水在自由潜水中尤为重要。

（二）呼吸管呼吸与排水

在自由潜水活动中，当潜水员在水面处活动时，往往需要运用呼吸管进行呼吸，比如在下潜之前，潜水员往往都会采用呼吸管呼吸的方式进行下潜前的呼吸。在用呼吸管呼吸时，水面波浪涌动或潜水员不小心将呼吸管管口没入水中等，都有可能导致水从呼吸管上端流入呼吸管内。一旦发生呼吸管进水的情况，潜水员必须将呼吸管内的积水排出，才能保证呼吸顺畅。

1. 使用呼吸管呼吸

使用呼吸管呼吸时，首先要用嘴巴咬住呼吸管咬嘴。具体来说，将整个咬嘴含入口中，用上下牙齿扣合，咬住咬嘴上的咬合部位，并用上下唇自然包裹住整个咬嘴以确保处于封闭状态，防止水从咬嘴处进入口中。需要注意的是，上下牙齿的咬合力应当适度，避免过度用力，以免造成咬肌疲劳，使得潜水员不能长时间地运用呼吸管呼吸。

其次，运用呼吸管呼吸时，要保持自然流畅的深呼吸，应尽量采用腹式呼吸的方式，其原因是避免“呼吸死腔”的增加。如前文所述，人体和外界环境的气体交换（主要是氧气和二氧化碳）是在肺部的肺泡中发生的，而在气体流经的通道中（如气管、口腔等）并不会发生气体交换，这些通道被称为“呼吸死腔”。在我们吸气时，首先吸进肺部的气体是呼气后残留在呼吸死腔中的气体，这些气体中的含氧量相对较低，二氧化碳含量相对较高；当借助呼吸管进行呼吸时，相当于增加了呼吸通道的物理长度，呼吸死腔的物理容积也随之增大，这样会造成被吸进肺部的残留气体量增多。在使用呼吸管呼吸时，要尽量采用腹式呼吸，以保证潜水员能够吸入更多的新鲜空气。

2. 呼吸管排水

在自由潜水中，呼吸管排水主要有以下三种方法。

（1）倒水法：当呼吸管进水后，潜水员及时浮出水面，然后取下咬嘴，将进入呼吸管内的水倒出。倒水法较为简单，适合初学者使用，当然，很多经验丰富的自由潜水员为了简单方便，也常采用倒水法。

（2）猛吹排水法：潜水员以短而强有力的呼气将积水从呼吸管内吹出来。其原理是呼气肌快速、有力地收缩将肺部气体挤压而出，由此形成的高压气流将呼吸管内的积水喷出。需要注意的是，采用此方法排完水后，要小心、缓慢地吸气，防止呼吸管内仍有残留的积水，造成潜水员呛水。为了防止发生潜水员呛水的情况，一般要重复上述步骤，再次吹气排水，直到将呼吸管内所有的积水排完为止。如果排完水后呼吸时管内有“呼噜呼噜”的水声，则表明呼吸管内的积水没有排净，潜水员可以以此作为呼吸管内是否还有积水的标志。猛吹排水法可以避免潜水员反复脱戴器材，如果能够熟练掌握该方法，则会方便地解决呼吸管进水问题。

（3）置换法（图5–23）：置换法的排水原理与面镜排水类似，都是利用空气压力将水置换出去，以达到排水的目的。置换法一般用于潜水员从水下上浮到水面时，要求潜水员在上浮时抬头向上看，让头部尽量后仰，使呼吸管顶部开口低于咬嘴高度，呼吸管也随之倒置；当潜水员上浮到接近水面时，稍微向呼吸管中吐气，呼吸管内的积水就会被膨胀的空气挤出；潜水员上浮到达水面时，自己的身体立即成水平浮游姿势，使得呼吸管顶部开口先漏出水面。需要注意的是，潜水员在上升过程中要含紧呼吸管咬嘴，以防在上升时水由空隙进入口中造成呛水。置换法的动作技巧相较于其他呼吸管排水方法要难掌握一些，需要潜水员长期地反复训练才能达到熟练运用的水平，但是，置换法便于潜水员从水下上浮到水面后随即转入浮潜状态，因此受到一些经验丰富的潜水员的喜爱。

图 5–23　置换法排水

（三）水中站立

在进行自由潜水活动中，当潜水员身处水面时，出于各种原因，潜水员往往需要将头抬离水面，例如，与潜伴交流或和岸上人员沟通交流，以及需要观察水面情况等。此时，如果水的深度没有超过潜水员的身高，且水底比较坚固，适合站立时，潜水员可以采用半蹲式技巧由浮游状态转为水中站立状态。

运用半蹲式技巧实现水中站立状态的主要步骤包括以下几个方面。

（1）首先，潜水员身体在水中成水平仰卧姿势，例如，当身体为水平俯卧姿势时，让身体旋转 180° ，成仰卧姿势。

（2）然后收腹、收腿，就像要坐下一样。

（3）利用头部将重心前移，同时双足后跟向后下方引领，准备踩住地面。

（4）将双手置于身体两侧，掌心向上推水（图 5-24），以协助身体站立和平衡（与以上步骤 2 和步骤 3 配合同时完成）。

（5）待身体重心稳定后，再抬起头部成半蹲或站立姿势。

显然，当水的深度超过潜水员身高时，是不能采用半蹲式技巧在水中站立的。如果潜水员需要在超过自己身高的深水中站立，可以采用水中立姿脚蹼踢动技巧，使头部浮出水面，具体的方法和步骤见本节“脚蹼踢动”。

图 5-24　身体向下坐，手往上推水

（四）动态平潜转身

自由潜水动态平潜项目通常在室内泳池进行，比赛以平潜距离最长者获胜。由于标准的泳池长度为 50m 或 25m，因此动态平潜无论是单蹼、双蹼还是无蹼项目都需要在比赛中进行多次转身。高效的转身可以在全身肌肉比较放松、发力较小的状态下完成；如果转身时用力过猛会造成全身肌肉紧张，不仅会使横膈膜更早、更剧烈地抽搐，还会消耗大量氧气，加快体内乳酸堆积。

在当今的自由潜水比赛中，我们可以看到不同类型的转身方式，有一些转身方式需要借助脚蹼强大的推进力，而在众多转身方式中蹬壁转身是适用范围最广的一种，它适用于单蹼、双蹼、无蹼任意一种项目，具有效率高，易掌握的特点。以下为蹬壁转身（以逆时针转体为例）的主要步骤（图 5–25）。

（1）划臂：当看到池底 T 形标志线时，左手下划至打腿，右手伸直准备触壁。

（2）触壁：右手触到池边后稍稍发力推离池壁，协助身体水平做逆时针转体。

（3）转身：头部领先转体 180°，双腿屈膝内收贴近池壁，双手靠近身体从体侧前伸夹紧。

（4）蹬壁：双脚踩稳池壁，同时蹬离池壁，身体保持流线型，注意均匀用力，避免脚蹼的脚套在池壁出现打滑的情况。

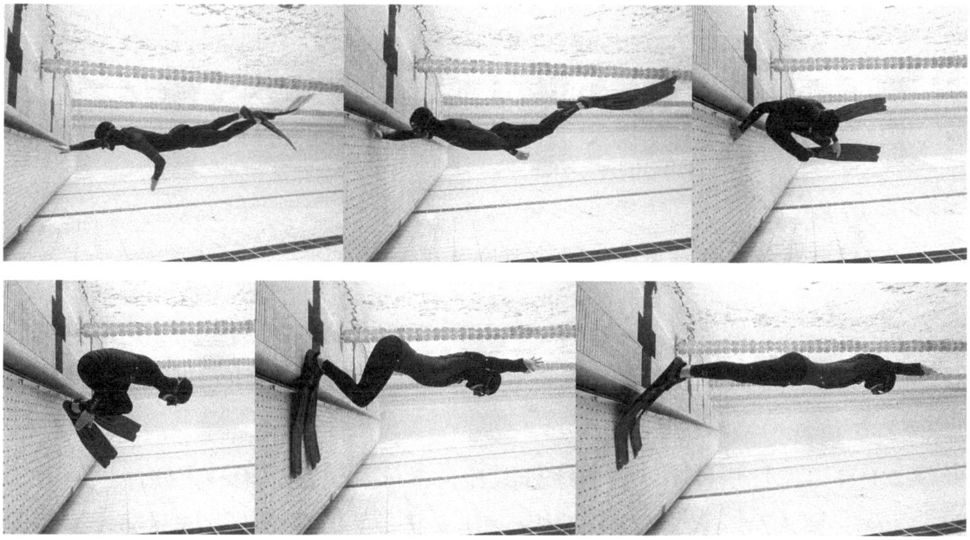

图 5–25　动态平潜转身

二、脚蹼踢动

当潜水员穿着脚蹼在水中游动时，所产生的推进力是不穿脚蹼的 4~6 倍。因此，穿着脚蹼可以大大提高潜水员在水中的前进速度，并节省体力。但是，如果潜水员没有掌握正确的脚蹼踢动技巧，动作不规范，则会浪费潜水员大量的体能。如果说“躬身下潜”技巧不熟练，仅对整个自由潜水过程产生一次影响（因为只需要一次下潜动作），那么脚蹼踢动技巧不熟练或者错误，则在每次踢动时均会浪费潜水员大量的能量，其影响是贯穿于整个自由潜水过程之中的。因此，要成为一名合格的自由潜水员，就一定要学习和掌握正确的脚蹼踢动技巧。

在自由潜水中，脚蹼踢动技巧主要有立姿式、俯卧式、仰卧式和侧卧式四种。潜水员在潜水过程中应根据不同的需求合理地变换使用不同的脚蹼踢动方法，这样不但更加符合潜水场景的需求，而且可以避免长距离游动时，采用单一踢腿方法所带来的局部肌肉疲劳。另外，脚蹼踢动技巧并没有唯一正确的踢法，它会受到很多因素的影响，比如潜水员的身体素质、潜水环境、脚蹼的类型以及实际情况等。

（一）双蹼打腿技术

学习和掌握自由潜水常用的脚蹼踢动技巧，首先要学习双蹼打腿技术。学习中要充分理解不穿脚蹼时运用自由泳打腿技术游动与穿着脚蹼后游动时打腿动作的区别，避免运用双蹼打腿技术时产生错误，从而熟练掌握和运用各种脚蹼踢动技巧。

1. 双蹼打腿技术与自由泳打腿技术的区别

无论是游泳还是潜水，当我们在水中游动时，都会运用打腿技术产生前进的推力。但是，当穿戴脚蹼时，打腿技术与不穿戴脚蹼时的自由泳打腿技术有很大的差别。

（1）自由泳打腿技术：自由泳打腿在自由泳前进过程中只占整体推进力的20%~40%，要求游泳者在打腿过程中，其下肢各关节构成一个链状结构，膝盖和脚踝需放松且富有弹性，游进时两脚稍内扣，踝关节放松，由髋关节发力，传至大腿，带动小腿和脚。

（2）双蹼打腿技术：在自由潜水中，潜水员穿着一双长67~90cm、宽约22.5cm且具有弹性的脚蹼打腿，这相当于将潜水员的腿部一直延长到脚蹼的末端，其打腿的动作幅度比自由泳打腿大很多，所以通常将穿着脚蹼的打腿动作形象地称为鞭水动作。双蹼打腿技术的打腿幅度对打水效果影响很大，打腿时腿部上下摆幅与身体的距离必须一致，上下两腿最大幅度为45°~60°。为了将腿部所有力量更好地传导至脚蹼末端，要求潜水员在双腿上下交替鞭水过程中，膝盖和脚踝都应绷直。如果膝盖或脚踝太松，腿部力量将无法充分传导至脚蹼。另外，与自由泳打腿技术双脚内旋不同，双蹼打腿应保持蹼面平整形成最大对水面积，防止脚踝内扣，造成鞭水面积减小。

2. 双蹼打腿技术的常见错误

正确的双蹼打腿技术要求用大腿带动小腿向下加速打腿，打腿结束前，踝关节带动脚蹼做快速向下的鞭水动作。向下打腿时膝关节要自然伸直，脚尖绷直，以利于将向下打腿的力量充分传导到脚蹼；向下打腿结束后，应使整个腿部肌肉放松，保持膝关节和踝关节自然伸直，自然放松地向上打腿，完成整个双蹼打腿技术的动作周期。

在一个双蹼打腿技术的动作周期中，容易出现以下错误。

（1）向上打腿时肌肉太紧张，不能自然放松地向上打腿，极易造成腿部疲劳。

（2）向上打腿时抬腿过高（图5–26），使得脚蹼超出水面。

图5–26　抬腿过高

（3）向下打腿时膝关节太松，形成收大腿（图5–27–a）、收小腿（图5–27–b）和蹬腿动作。

a. 收大腿

b. 收小腿

图 5–27　收大腿、收小腿

（4）向下打腿时发力太急、太早，使得打腿太浅，脚蹼打不下去，造成向下打腿的动作幅度过小（图 5–28）。

图 5–28　打腿幅度过小

（5）将自由泳打腿的动作带入脚蹼打腿动作中，双脚成内旋状态，导致脚蹼相互“打架”（图 5–29）。

图 5–29　脚蹼“打架”

（6）向下打腿时没有加速度，脚踝没有带动脚蹼做向下的鞭水动作。

（7）打腿幅度过大（图5-30），使阻力增加。

（8）游进时身体前倾（图5-31-a）、后倾或身体成拱形（图5-31-b）等，使得身体与游进方向迎角过大，造成身体流线型差，游进阻力增大。

图 5-30　打腿幅度过大

a. 身体前倾　b. 身体成拱形

图 5-31　身体前倾或成拱形

（二）立姿踢腿

潜水员有时需要浮在水面与伙伴沟通交谈、寻找水面船只、观察水面情况或调整器材装备等，当潜水员身处水深超过自己身高的水域时，就需要运用立姿踢腿法（简称立姿）（图5-32）使头部浮出水面。顾名思义，立姿就是潜水员运用脚蹼交替踢水维持身体漂浮，使身体成直

图 5-32　立姿踢腿

立姿势且头部浮在水面之上。立姿踢腿时要求脚蹼踢动的幅度保持正常状态，但是节奏要比正常踢动缓慢一些。立姿踢腿对于初学者来说相对难以掌握，最初需要借助划手来维持直立姿势及身体平衡。

1.动作要领

（1）首先，身体与水面保持垂直。

（2）运用双蹼打腿技术，双腿交替踢动，在踢动脚蹼的同时保持身体始终成直立姿态。

（3）踢动时由髋关节带动大腿，接着带动小腿，再带动脚蹼鳍面，动力方向向下，产生向上的力，使头部浮出水面。

2.注意事项

（1）初学者在刚开始学习立姿踢腿时，可手持浮板进行练习。

（2）立姿踢腿法以口鼻露出水面为原则，不要求身体离开水面过多，以免消耗过多的体力。

（3）踢脚蹼时脚踝不可弯曲过大，向后收脚蹼时脚踝要保持伸展。

（三）俯卧踢腿

俯卧踢腿（图5–33）是进行自由潜水活动使用频率最高的动作，这个动作能使潜水员的身心充分放松，并利于观察水底情况。俯卧踢腿要求身体水平俯卧于水面，运用双蹼打腿技术上下交替打腿推动身体前进。打腿时手臂置于身体前方、两侧或背后，练习时可以根据自身感觉的舒适程度调节动作。

图5–33　俯卧踢腿

1. 动作要领

（1）身体在水面成俯卧位，双手置于身体前方、后方两侧或背后。

（2）两腿伸直，脚踝下压，运用双蹼打腿技术两腿上下交替踢动。

（3）向下打水时由髋关节带动大腿，接着带动小腿，膝关节和踝关节保持自然伸展、绷直，向下成鞭状压水。

（4）向上打水时，膝关节和踝关节继续保持自然绷直，依次由髋关节带动大腿，接着带动小腿将脚蹼向上提起，提起的高度以脚蹼的鞋跟“轻点”水面为原则，同时应避免蹼面挥出水面。

（5）两腿的打水方向是相反的，一腿下压时另一腿上提，从而形成连贯的推进力，确保中间没有停顿。

2. 技术要点

俯卧踢腿技术关键是脚蹼的上下打腿动作，可以将双蹼上下打腿分为向上打腿和向下打腿两个动作。

（1）向上打腿是向下打腿的准备阶段，向上打腿的节奏要相对舒缓，肌肉也要相对放松，大腿带动小腿和脚蹼向上抬至水平面以下。需要注意的是，向上打腿时脚蹼不能出水，否则，向下打腿时会带入空气入水，减小脚蹼的推进力，而且，向上打腿时脚蹼出水打空，会导致整个鞭水动作的时长缩短，如果脚蹼打出水面的幅度过大，则鞭水效果大大下降，造成体能浪费。

（2）向下打腿是一个速度越来越快的加速度过程，这样可以使脚蹼尾部的速度最快，就像鞭子的鞭尾抽打的速度最快一样。显然，脚蹼尾部的速度越快，所产生的瞬时加速度就越大，脚蹼形成的推动力也越强。如果向下打腿速度太慢，瞬时的加速度太小，则脚蹼形成的推动力就会大大减弱，这会造成拼命打腿却不前进的现象。向下打腿时如果脚蹼打不下去或打腿太浅，也会造成脚蹼产生的推动力不足，出现这些问题的原因通常是由于打腿动作没有做完、动作结束过早或腿部力量不够等。如果向下打腿时幅度过小，发力太急、太早（没有形成最大的对水面积），是无法形成理想鞭水作用力的。错误的向下打腿动作还包括打腿时膝关节太松、收大腿、蹬腿等，这些错误往往是因对正确的技术动作缺乏理解造成的。

3. 身体姿势

在俯卧踢腿的技术中，保持正确的身体姿势可以使身体的流线型更好，游动时阻力较小，同时也利于上下打腿技术的发挥。首先，头部位置十分重要，正确的位置应该是头部与水平面平行，目光直视水底；其次，肩颈部要有意识拉高，臀部和下肢稍微下沉，使身体在水中形成约 10° 的仰角，这样的身体姿势有利于更好地发挥脚蹼的打水作用，达到理想的鞭水效果，打腿时脚蹼也不易出水面（图 5-34）。另外，手臂可以置于身体前方、两侧或背后，但手掌朝下、手臂前伸的姿势可让身体流线型更好，游动时阻力小。

图 5-34　俯卧踢腿身体姿势

4. 注意事项

（1）避免快速、大幅度打水，因为这样极易造成腿部疲劳，发生腿部痉挛，从而发生危险。正确的做法是用自然合理的频率、有节奏地上下交替打水，向上打水时腿部肌肉自然放松，向下打水时顺势发力形成鞭水效果。

（2）上下打腿时，踝关节要保持伸展、绷直（图 5-35-a），不可以向上勾（即俗称的“锄头脚”）（图 5-35-b），否则会减弱打腿的推进力，前进速度变慢，严重时会造成身体下沉。

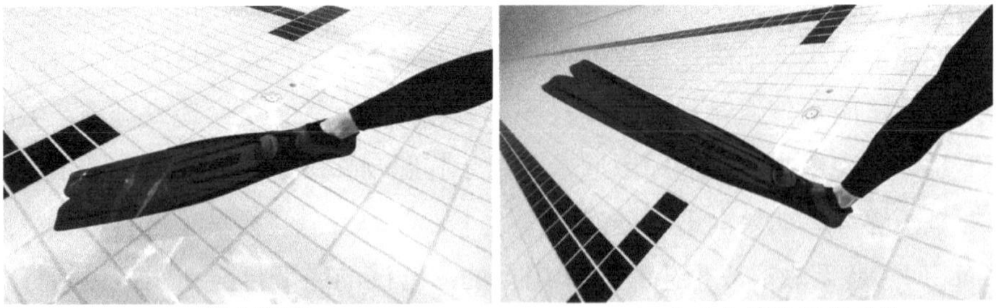

a. 绷直脚踝　　b. 向上勾脚的错误动作

图 5-35　绷直脚踝，不可向上勾脚

（3）双腿打水力量应一致，若双腿用力不均匀，易造成偏离行进方向，身体不平衡等问题。长此以往，还会造成相关肌肉群的发展不均衡。

（4）要避免只用小腿打水而大腿不动，这会造成蹼面挥出水面，以致身体无法行进或是行进缓慢。正确的做法是，髋关节带动大腿，大腿带动小腿，小腿带动脚蹼。

（四）仰卧踢腿

在自由潜水活动中，如果进行长时间、长距离的浮游，或负重行进、拖带浮具、救援拖带等，常常要做仰卧踢腿动作。仰卧踢腿可以使身体“依靠”在水上，充分享受浮力作用，同时面部浮出水面，呼吸也非常轻松、方便。由于身体处于放松姿势，这会让脚蹼更轻易地保持在水下。因此，仰卧踢腿是所有踢腿方法中最轻松的。

1. 动作要领

（1）身体放松，仰卧于水面，使口鼻露出水面。

（2）将双手置于大腿两侧，这样既可以减小前进阻力，也可以通过双手直观地感受打腿的幅度和节奏。

（3）行进时，两腿上下交替踢水（与俯卧踢腿类似），下压时由髋关节带动大腿，接着带动小腿，踝关节伸直绷紧向下压水；上踢时由髋关节带动大腿，接着带动小腿，踝关节伸直绷紧向上踢水。

2. 身体姿势

仰卧踢腿（图 5–36）时身体是最自然的，髋部几乎呈坐姿。在这个姿势下，“破水”前进的身体部位是背部，在游动时背部产生的倾角，就像飞机起飞时“抬头”动作产生的倾角一样，会给上半身带来一定的升力，有利于身体漂浮在水面上。

图 5–36　仰卧踢腿

仰卧踢腿时头部可以起到控制身体“吃水”深度的作用，低头可以使身体下沉，而仰头可以使身体上浮。如果低头含胸动作过大，则会造成腿部下沉，这样虽然加大了脚蹼的踢动幅度，但如果身体与前进方向夹角过大，会大大增加游动阻力。反之，如果仰头使身体完全平行于水面，则游动阻力最小，但容易造成脚蹼踢出水面。因此，在运用仰卧踢腿时，要善于利用头部姿态控制身体的“吃水”深度，使身体始终维持在合理的水深处。

3. 注意事项

（1）仰卧踢腿时，呼吸管口容易没入水中。因此，在进行仰卧踢腿时一般不使用呼吸管，而是直接用口部呼吸。

（2）仰卧踢腿时脸部是露出水面的，如果要将面镜移开，应将面镜下移至颈部，不可将面镜置于头部，以防波浪将面镜打落。

（3）向上踢水时，应注意膝盖尽量不要露出水面。正确的动作是脚蹼上踢时会在水面产生漩涡，但又不会破水而出。

（4）行进过程中，应时常回头确认目标，随时调整行进方向。

（5）注意放松头颈部肌肉，如果肌肉紧张会浪费大量的能量。

（五）侧卧踢腿

侧卧踢腿（图 5–37）常在负重行进、拖带浮具和救援拖带等情况时使用。所谓侧卧踢腿，就是身体向一边侧立起来成侧卧位，在与水面保持垂直的姿态下进行交替踢腿。由于侧卧踢腿时，脚蹼踢动的方向与水面垂直，所以不用担心踢腿幅度过大，造成脚蹼踢出水面。

图 5–37　侧卧踢腿

1. 动作要领

（1）在水中根据需要身体向左侧或右侧转动，身体与水面约成 90° 侧卧姿势。

（2）脸部或露出水面，离水面较深处的手伸向头部前方，使上臂轻贴耳部，另一只手置于大腿一侧。

（3）腿部的踢水动作与俯泳踢腿动作大致相同，不同的是，侧卧踢腿脚蹼的踢动幅度可以比俯卧踢腿的踢动幅度更大。

2. 注意事项

（1）侧卧踢腿时，脚蹼的高度应尽可能与整个身体成一条直线，避免在水中行进时产生较大阻力。

（2）在长时间采用侧卧踢腿游动时，为避免肌肉群过度疲劳，可交替采用左侧卧踢腿和右侧卧踢腿。

（3）游进过程中，应注意时常抬头观察目标，保持正确的游进方向。

三、下潜与上升

自由潜水活动在水中可分为下潜和上升两个阶段，要顺利完成自由潜水活动，就必须学习和掌握自由潜水的下潜和上升技能，并能够在实践中熟练运用。只有熟练掌握和运用下潜和上升技能的潜水员，才能够在进行自由潜水活动时充分利于自身的体能，更好地发挥技能水平，从而规范安全地完成自由潜水活动。

（一）躬身下潜法

下潜是潜水的开始，掌握流畅“顺滑”的下潜技能，可以为后续的潜水活动奠定良好的基础。在自由潜水中，下潜技能一般采用“躬身下潜法”，又叫作“鸭式下潜法”。

1. 形成倒立姿势

由于在下潜过程中，通常是采用头朝下的姿势垂直向下潜行，所以在一开始做躬身下潜动作时，首先要成倒立姿势，其具体步骤如下。

（1）身体俯卧于水面，两臂竖直指向水底（图 5-38），若需要用手平衡耳压，则可一臂垂直指向水底，另一手捏住鼻子随之做平衡耳压动作。然后踢动脚蹼推动身体向前移动，身体开始向前移动时将头部向水下引领，低头含胸使头顶部指向水底，这是躬身下潜动作的难点和重点，可以将其想象为头部就是海豚头部前面的“吻”，起到引领和控制方向的作用。

图 5–38　两臂竖直指向水底

（2）由于踢动脚蹼会产生推动力，这时在头部的引领下，身体将形成躬身姿势，潜水员上半身（图 5–39–a）会自然开始垂直下沉，而下半身（图 5–39–b）则会自然露出水面之上。

a. 上半身　　b. 下半身

图 5–39　躬身

（3）上半身开始下沉后，腿部自然跟进，整个身体从躬身姿态逐渐伸直转为直体姿态，身体成为直体姿态后，此时正确的姿势应该是小腿和脚蹼处于水面以上（图 5–40–a）。由于小腿和脚蹼失去水的浮力，这部分的重量会压着身体向下继续前进，并最终在水中形成倒立姿势（图 5-40-b）。

a. 小腿、脚蹼处于水面之上

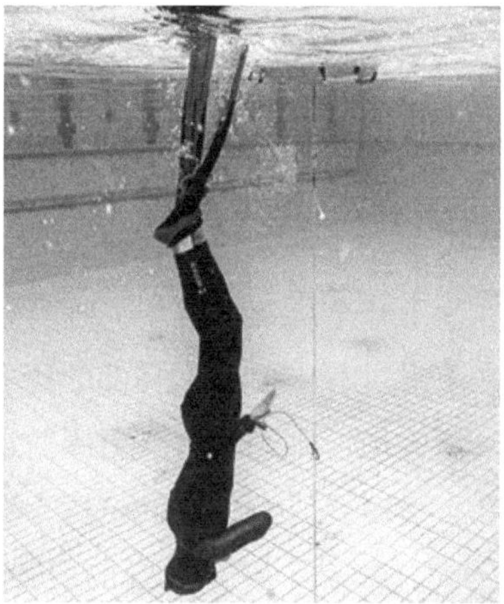

b. 形成倒立姿势

图 5-40　形成倒立姿势

2. 下潜

身体在水中形成倒立姿势后，便会产生下潜趋势，这时应保持身体垂直于水底，并向下游动开始下潜，其具体步骤如下。

（1）身体没入水下产生下潜趋势后，顺势用指向水深处的手向身体后方划臂，产生向下的推进力，然后开始打腿并继续做平衡耳压动作，从而使身体开始进入下潜阶段（图 5-41）。

图 5-41　开始下潜

（2）在下潜的最初阶段，由于潜水员充满空气的肺部和潜水服所产生的浮力作用，潜水员的身体呈正浮力状态，因此，这时要采用幅度大、高频率的方式踢动脚蹼，以便产生更大的下潜推动力。

（3）随着下潜深度的增加，水压不断增大，潜水员肺部和潜水服的体积被压缩，身体的正浮力逐渐减小，当下潜深度越过“中性点”之后，便到达了自由潜水最令人着迷的阶段，即自由坠落阶段，这时只需要保持身体的流线型和完成耳压平衡就可以了，直到下潜到预定深度再转身返回。

3. 注意事项

（1）整个下潜过程的平均速度最好维持在 1m/s，过快的下潜速度不利于耳压的平衡，而太慢的下潜速度则难以达到预定的下潜深度。

（2）在下潜过程中目光应直视下潜绳，如果仰头，则会牵拉喉部，在做平衡耳压时很有可能伤害喉部组织，也无法完成法兰左式平衡耳压。

（3）在水下整个屏气过程中，呼吸管不可含在口中。

（4）在下潜过程中要根据耳部的压力感受，持续地做耳压平衡，如果无法很好地完成耳压平衡，则无法潜入更深的水域。

（5）在下潜时要注意手臂的位置，保持身体优美的流线型，尽量减小下潜时的阻力，例如，如果手臂是展开的姿势，则下潜时的阻力会增大（图 5–42–a），不利于下潜速度和深度；而如果手臂内收，则身体的流线型好，下潜阻力减小（图 5–42–b），可以获得更好的下潜速度和深度。当然，我们也可以利用改变下潜阻力，达到控制下潜速度的目的，这在下潜深度越过“中性点”之后，进入“自由坠落”阶段时具有很强的使用价值。

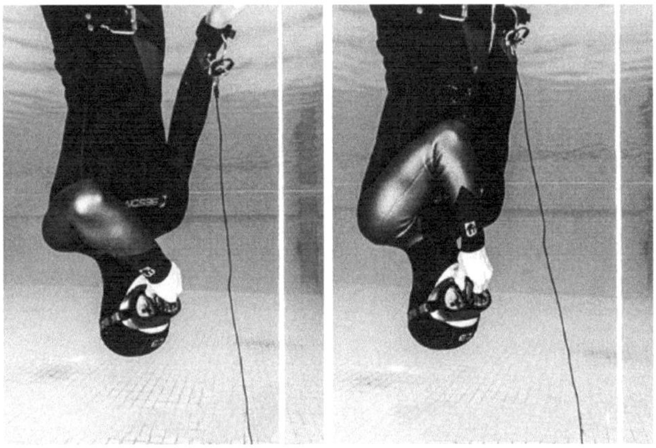

a. 手臂展开，阻力增加　　b. 手臂内收，阻力减小

图 5–42　手臂控制下潜阻力

（二）转身与上升

上升是自由潜水的又一项重要技能，熟练掌握上升技能，不仅能够确保自由潜水目标的顺利完成，也可以为潜水安全提供必要的保证。自由潜水的上升技能

可分为转身和上升两个阶段。

1. 转身

下潜达到目标深度后，完成一个完美的转身是很重要的。正确的转身不仅可以为后续的上升提供更好的动力，确保自由潜水活动顺利完成，而且，如果在下潜过程中出现问题（比如平衡没有做好）需要提前上升，正确的转身还可以使潜水员迅速返回水面，避免出现危险情况。转身动作的具体步骤如下。

（1）潜水员用一手抓住导潜绳，停止下潜，以抓握处为“旋转点”让下半身继续下落，这时身体由头朝下的下潜姿势转为头朝上的上升姿势（图 5-43）。

图 5-43 头朝下转为头朝上

（2）身体完全翻转成头朝上竖直的上升姿势后，抓握导潜绳的手处于头部上方，即抓握处位于头顶上方。然后以抓握处作为施力点，手用力拉潜导绳，使身体产生向上的升力，随后放开导潜绳，让身体顺势开始往上升（图 5-44）。

图 5-44 转身后上升

2. 上升

在完成转身动作后，就开始上升过程。自由潜水的上升过程最重要的是维持较为均衡的上升速度，以利于耳压平衡。上升动作的具体步骤如下。

（1）完成转身动作身体开始上升后，根据参与项目不同，应开始踢动脚蹼或者继续拉导潜绳，维持身体持续上升。

（2）在上升的初始阶段，潜水员身体呈负浮力，因此需要用幅度相对较大和频率相对较快的方式踢动脚蹼，以便获得较大的上升力。

（3）在不断上升的过程中，潜水深度逐渐减小，潜水员身体的负浮力也逐渐变小，因而，潜水员可以随着上升慢慢减小踢动脚蹼的幅度和频率，使其上升力也逐渐减小，这样可以使整个上升过程的速度均匀。

3. 注意事项

需要注意的是，在自由潜水的上升过程中，将上升速度控制在合理的范围内和保持正确的头部姿势是上升技能的关键。

（1）虽然较快的上升速度可以使潜水员更快地返回水面，但是，与下潜时一样，过快的上升速度不利于耳压的平衡。根据长期的实践经验，在自由潜水中，最理想的平均上升速度为 1m/s。

（2）在上升过程中，不要仰头观察水面。在上升时仰头会造成两个方面的问题：一是在生理方面，仰头动作会刺激呼吸渴望的增加；二是在心理方面，仰头向上看时会产生自己离水面距离还是这么“遥远”的感觉，从而导致心跳加快，耗氧量增加（图 5-45-a）。所以，在上升过程中，正确的头部姿势应该是始终保持头部垂直，目光直视眼前的导潜绳，直到重返水面（图 5-45-b）。

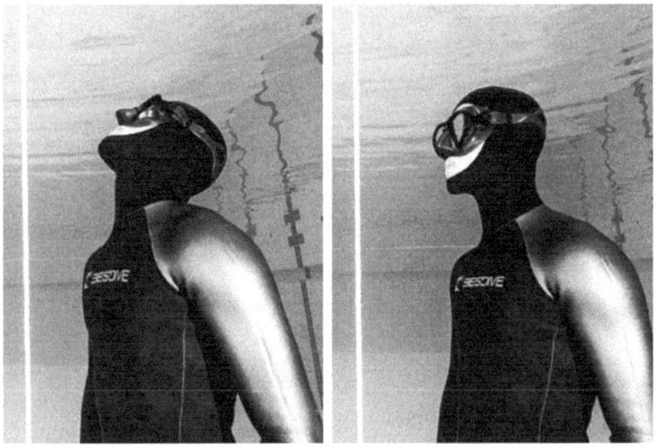

a. 错误姿势　　b. 正确姿势

图 5-45　上升时头部姿势

四、协助上升与水面救援

要成为一名合格的自由潜水员，不仅要牢固掌握并熟练运用自身的自由潜水技能，还必须具备相应的救援能力，以便在潜伴发生潜水风险时能够予以及时有效的救助。因此，自由潜水员有必要学习和掌握应对潜水风险的协助上升技能和水面救援技能，这是确保自由潜水活动安全进行的基本必备技能，每一名自由潜水员都必须认真学习，并熟练掌握和运用。

（一）协助上升

鉴于自由潜水活动的特点，在进行自由潜水时潜水员因缺氧而发生自主控制功能丧失（LMC）或黑视昏厥（BO）的可能性很大，因此，发生这种风险时，能够及时将出现 LMC 或 BO 的潜伴从水下带回水面是非常重要的，这就需要我们学习和掌握“协助上升”救援技能。能够正确掌握和熟练运用该技能，不但大大增加了潜伴间的安全保证，而且可以使潜水员更加有信心地进行自由潜水活动。

1. 托颈法（图 5–46）

协助需要救助的潜水员上升至水面的方式有很多种，其中最常用的方法是“托颈法”，其具体方法和步骤如下。

（1）将一只手放在需要救援的潜水员颈后，另一只手放在下巴处，防止被救援者的嘴巴张开喝到水，形成两只手托住被救援者的头部姿势，练习时可以想象托颈的手部动作就像“肉夹馍”。

（2）运用上升技能尽快地将被救援者带出水面，在上升过程中始终保持双手托住被救援者的头部，直到浮出水面。

图 5–46　托颈法

值得注意的是，救援并没有唯一正确的技能，只有在某一个紧急场景下最适合的技能。因此，“托颈法”并不是唯一正确的或最佳的协助上升技能，潜水员或救援者应清楚地知道，协助上升的目的只有一个，那就是尽快地将被救援者带回水面并协助其恢复呼吸。

2. 协助上升技能的模拟训练

在自由潜水的日常训练中，协助上升技能是一项很重要的训练内容，所有自由潜水员都必须接受协助上升的模拟训练，并能够正确掌握并熟练运用协助上升技能，具备相应的潜水救援能力，为潜水安全提供必备的保证。协助上升技能的训练至少需要两名潜水员相互配合进行，具体模拟训练的步骤如下。

（1）扮演被救援者的一名潜水员下潜到10~15m水深处，然后采取俯卧姿势静止不动，并保持静态屏气。

（2）位于水面的救援潜水员发现被救援者后，马上下潜并尽快接近被救援者，根据实际情况决定是否卸下被救援者的配重系统，以及是否丢弃自己的配重系统。值得注意的是，如果救援潜水员有能力迅速将被救援者带回水面，则无须浪费时间卸下配重。

（3）在丢弃配重后的正浮力作用下，救援潜水员运用“托颈法”或其他方法开始协助被救援者上升，并尽快浮出水面。

（4）扮演被救援者的潜水员在整个被救援过程中应始终保持静止不动的放松姿态，不可自行卸下配重系统或协助救援潜水员上升，以免影响救援潜水员的协助上升动作，降低模拟训练效果。

（二）水面救援

自由潜水救援不仅要协助被救援者浮出水面，完整的自由潜水救援还应包括浮出水面后立即对被救援者实施唤醒或人工呼吸等操作，使被救援者及时清醒过来，并恢复正常的生理状态。

1. 唤醒

协助被救援者上升到达水面后，救援潜水员应马上将被救援者的身体放平，使其仰卧于水面，摘下被救援者和自己的面镜，然后打开被救援者的呼吸道进行唤醒操作。唤醒操作包括吹气（Blow）、轻拍（Tap）和呼唤（Talk）三个步骤，简称BTT，具体的操作步骤如下。

（1）吹气：向被救援者眼睛处吹气，使其眼睛感受到“风”的作用，因为风是在空气中才有的现象，当人的眼睛感觉有风时，其保护机制会开始启动呼吸动作。

（2）轻拍：轻拍被救援者的脸颊，通过触觉刺激，使其清醒过来。

（3）呼唤：可以呼喊救援者的名字或使用“醒醒”“醒过来”等语言，通过听觉刺激使其清醒。在通常情况下，人昏迷后最后消失的感觉是听觉，清醒前最先出现的也是听觉，所以听觉刺激可以有效地唤醒昏迷者。长期的实践证明，如果是刚刚昏迷的被救援者，则通过呼唤他的名字，就可以将其唤醒。

2. 人工呼吸

如果重复进行 3 次唤醒操作（BTT）后，被救援者仍没有清醒，则需要进行人工呼吸，使被救援者尽快恢复呼吸。人工呼吸的步骤如下。

（1）在水面对被救援者进行人工呼吸，先进行两次。

（2）如果被救援者仍然没有恢复呼吸，则每隔 5 秒钟就对其进行一次人工呼吸，并同时卸除被救援者和自己的配重系统，开始拖带被救援者上岸或上船。

（3）如果上岸或上船后被救援者还是没有恢复呼吸，则需要对其进行心肺功能复苏操作（CPR），直到被救援者恢复正常的生理状态。

根据长期的实践经验，自由潜水活动时发生昏厥的潜水员，如果救援及时，在绝大多数情况下，只要进行 3 次唤醒操作（BTT）后就可以清醒，很少会用到人工呼吸和心肺功能复苏。但是，需要注意的是，在救助发生昏厥的自由潜水员时，绝不能依据以往的经验认为仅仅进行唤醒操作就可以达到救援目的，而是在每一次救援中都必须密切观察被救援者的身体状态，正确评估其实际生理状况，以便采用相应的救援措施。

第三节　压力平衡技巧

在进行自由潜水活动时，随着下潜深度的增加，施加在潜水员身体上的水压不断增加，潜水员体内或身体与装备间形成的密闭弹性空腔会受到压缩，产生形变。为了潜水员的身体器官免受损伤，必须保持其形变在人体可承受范围内，一旦超过承受范围则会对潜水员造成伤害。为此，在自由潜水时，潜水员要通过掌握压力平衡技巧来保持体内空腔压力（简称内压）与周围环境压力（简称外压）的平衡，避免受到伤害。从某种程度上来说，压力平衡技巧是打开自由潜水大门的“钥匙”，如果没有这把钥匙，任何人都无法体验到自由潜水运动的魅力。

潜水的压力平衡指的是向因受水压而被压缩的空腔不断运送空气，通过增加空腔内部压力来抵消外部环境压力，使空腔的形变在人体可承受范围内。我们可以将空腔想象成一个气球，随着潜水深度的增加，外部环境压力不断增大，气球的体积在外部压力的作用下会不断缩小；为了阻止气球不断缩小，可以通过向气球内不断补充空气的方法，使气球的内部压力也不断增加，让气球的体积始终维持在初始大小，这可以说是对压力平衡技巧原理最形象的解释。

一、生理空腔的压力平衡

生理空腔是指由人体的内部生理结构形成的空腔。对潜水活动产生影响的生理空腔主要包括：肺、耳咽管和鼻窦。在潜水过程中，潜水员必须始终通过压力平衡技巧保持这些生理空腔的内部压力与外部压力间的平衡，以避免身体器官受到损伤。

需要注意的是，进行潜水活动时的生理空腔压力平衡，主要指的是随着下潜深度的增加，周围水压不断增大而必须维持生理空腔的压力平衡。在潜水员上升时，通常无须考虑压力平衡的问题，这是由于在潜水员上升时随着周围水压不断减小，人的生理空腔中的空气会开始膨胀，空气会自动从生理空腔内向外流出，从而维持生理空腔体积不变。

（一）肺部压力平衡

在进行自由潜水活动时，潜水员在屏气下潜时，其肺部是一个封闭空腔，将气体封闭在肺内。潜水员在下潜前吸入最后一口气，这时肺的体积最大，随着下潜深度的增加，肺部所承受的外界压力就会不断增大，肺的体积因被压缩而逐渐缩小。反之，当潜水员上升返回水面时，随着外界压力的不断减小，肺的体积又会逐渐恢复到原来的大小。通常无须人为地进行压力平衡，肺部就可以通过体积的变化使内外压力自动达到平衡。

但是，当潜水员下潜到一定深度，肺被压缩到一定程度时，就会出现疼痛感。如果外界压力过大，超过肺部所能承受的生理极限，则有可能造成支气管及肺泡间质内毛细血管破裂，出现肺部出血的病理性损伤。因此，如果自由潜水员没有经过系统的肺部抗压训练，贸然下潜过大深度，就会造成肺部挤压伤。在进行自由潜水活动时，潜水员一定要坚持循序渐进的原则，根据教练员的指导和自己的感觉逐渐地增加下潜深度，并在下潜过程中密切关注自身的状况，若肺部出现疼痛感或感觉不适时，应立即停止继续下潜并马上上升返回水面，以防止造成更加严重的病理性肺部损伤，这也是一名成熟自由潜水员的表现。

有许多经过长期系统训练的极限自由潜水员，当下潜至极限深度时，他们的肺部会被压缩到只有一个“橙子”大小而不会造成肺部损伤,这是基于“血液转移”的生理原理，他们经过长期的科学训练后，能够使肺部血管充满血液，而血液作为液体无法被压缩，因此肺部的体积不会继续缩小，从而避免了肺部损伤。当然，这需要极限自由潜水员花费大量时间，按照循序渐进的原则进行科学训练才能实现。由于篇幅所限，有关极限自由潜水的相关问题本书不做专门探析。

（二）鼻窦压力平衡

根据鼻窦的生理结构，在正常情况下，鼻窦与鼻腔之间相通的腔管是开放状态的，鼻腔所受到的外界压力与鼻窦内的压力始终相通，即使外界压力发生变化，鼻窦空腔也不会产生变形，人体也就感受不到因外界压力的变化所引起的鼻窦生理反应。也就是说，只要保证鼻腔有足够的空气，鼻窦的压力会自动平衡。

但是，如果鼻窦与鼻腔之间相通的腔管因某种原因发生堵塞，如感冒或者鼻腔有炎症，导致空气无法在鼻窦和鼻腔间自由流动，则鼻腔所受到的外界压力发生变化时，鼻窦空腔内的压力就无法与外界压力相平衡，使得鼻窦空腔在外界压力的作用下产生变形，人体就会因鼻窦挤压而出现生理反应。轻微的鼻窦挤压会使鼻窦部位产生疼痛感，严重的鼻窦挤压则会造成病理性的鼻窦挤压伤。

在进行自由潜水活动时,若潜水员的鼻窦与鼻腔之间相通的腔管发生堵塞(通常简称为鼻窦堵塞)，则在下潜过程中，随着水深的增加，鼻窦空腔所承受的外界压力不断加大，潜水员的鼻窦部位就会因挤压而感到疼痛。鼻窦挤压最易产生疼痛感的部位是位于额头的额窦空腔和位于眼周的筛窦及蝶窦空腔，而位于脸颊下部的上颌窦空腔则很少会有疼痛感。潜水员在下潜过程中，如果发生鼻窦挤压的疼痛感，应立即停止下潜，并上升一段距离直到疼痛感消失，如果疼痛感没有消失，则必须终止本次潜水活动。若潜水员因鼻窦挤压疼痛返回水面后，在面镜内发现有血迹，则很可能是因较为严重的鼻窦挤压而导致了病理性鼻窦挤压伤。需要注意的是，如果潜水员在下潜之前已经有鼻窦堵塞的症状，最好的选择是避免潜水，等堵塞症状消失后再潜水。

（三）中耳压力平衡

中耳腔（图 5–47）是一个弹性空腔，会随着压力的改变而发生形变。在进行自由潜水时，水的压力会从外耳道进入，挤压鼓膜，使中耳腔体积缩小。

如果水的压力过大，中耳腔的体积过小，超过生理承受范围，则会造成耳部的挤压损伤。因此，当潜水员下潜时，随着水深的逐步增加，水的压力不断加大，潜水员必须运用压力平衡技巧使中耳腔的内压与所承受的外界压力相平衡。

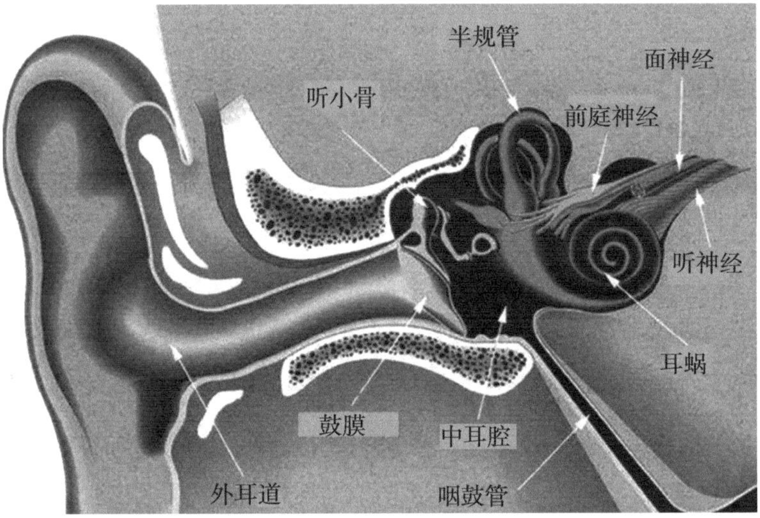

图 5–47　中耳腔结构

压力平衡技巧的主要做法与基本原理是，潜水员将肺部或口部存留的空气通过咽鼓管运送到中耳腔内以平衡外部水压，恢复中耳腔体积，让其形变在可承受的范围内。如果咽鼓管不能正常、及时打开，则会造成鼓膜两侧的压力不平衡，从而引起耳部疼痛的生理反应。如果潜水员在已经出现耳部疼痛的情况下强行下潜，则外界压力的持续增加会超出鼓膜的生理承载极限，造成鼓膜破裂的病理性损伤。

通常情况下，由于人的咽鼓管是闭合状态的，所以空气无法自动通过咽鼓管进入中耳腔，必须在一定的压力或牵拉作用下，咽鼓管才可打开。当咽鼓管开放时，遵循气体总是由高压流向低压的流体动力学原理，空气可经由位于软腭后上方、鼻咽两侧壁上的“咽鼓管咽口”从鼻腔进入中耳腔（图 5-48），或反向从中耳腔进入鼻腔，从而使耳部的内外压力得以平衡。这也是为什么人在咳嗽、擤鼻涕、打哈欠或吞咽时，能感觉到耳部有“响动”的原因，这些动作或多或少地会使咽鼓管张开，空气可以通过咽鼓管在中耳腔与鼻腔之间流动。

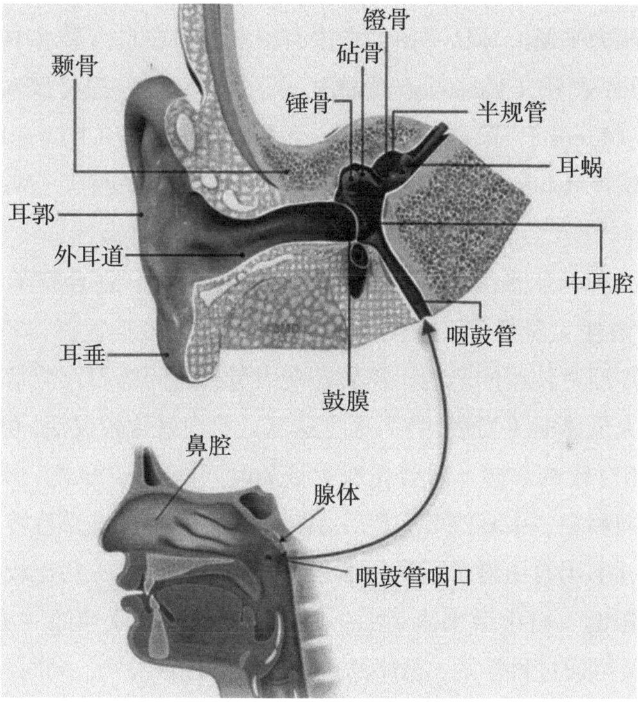

图 5-48　咽鼓管咽口结构

在潜水上升时，潜水员通常无须做耳压平衡动作，因为在上升时，随着外界压力不断减小，中耳腔内的空气压力大于外界压力，中耳腔内膨胀的气压会使咽鼓管打开，耳部内外压力达到平衡。但是，如果潜水员的鼻咽部发炎，咽鼓管会因肿胀而无法在潜水上升时自动打开，出现“逆向阻塞”，其症状包括鼻旁窦疼痛及耳部疼痛。因此，潜水员鼻咽部发炎时尽量不要潜水，以防止发生逆向阻塞。如果在潜水上升过程中潜水员出现逆向阻塞，要停止上升或降低上升速度，并尝试用鼻子吸气，使面镜空腔接近“真空”状态（并不是完全真空），并在保持此状态的情况下做吞咽及上下活动下巴等动作（同时也要注意防止水进入呼吸道），如果感觉阻塞消失，则继续上升。当然，停止上升或者减缓上升速度的前提是体内有足够的氧含量，切忌因发生逆向阻塞停止上升，最终导致昏迷或溺水。另外，若感觉头晕，潜水员可用导绳来引导上升。

二、耳压平衡法

综上所述，潜水员在进行潜水活动时的生理空腔压力平衡，主要是运用动作技巧实现耳部压力平衡。耳压平衡的方法有很多种，在自由潜水中常用的主要有5种：瓦式耳压平衡法（Valsalva，简称瓦式，即传统的“捏鼻鼓气法”）、法兰佐式耳压平衡法（Frenzel，简称法兰左）、免手耳压平衡法（BTV，简称免手法）、满气耳压平衡法（Mouth Fill，简称满气法）和湿式耳压平衡法（Wet equalization，简称湿式）。

针对以上5种耳压平衡法，“瓦式”比较容易掌握，适合初学者，但缺点是效率偏低，会消耗大量体能；“免手法”则相反，比较难掌握，不适合初学者，由于涉及人类不经常使用的肌肉，需要花费大量的时间练习才能掌握，但是一旦掌握则能节省大量体能（当然，有人天生这部分肌肉就比较灵活，可以较快掌握）；“满气法”也相对较难掌握，需要花费大量的时间练习；“湿式”不仅较难掌握，而且由于需要向鼻窦、中耳腔等空腔注水，潜水员会感到难受且容易导致空腔感染，这种方法并不为自由潜水运动所推崇，其主要流行于一些比较小众的“可变配重”或“无限制”自由潜水活动中；而最受业内人士欢迎的“法兰佐”，其难度适中，潜水员可通过科学的、循序渐进的方法掌握该技巧，同时其效率也较高，节省体能，因而被誉为充分享受自由潜水的“钥匙”，也是掌握更高级耳压平衡法的基础，无论是初学者还是高级自由潜水员都可使用。因此，本书仅着重探讨初、中级自由潜水员最常用的“瓦式”和“法兰佐式”耳压平衡法，其他3种相对比较少用和高级的耳压平衡技巧则不作详细介绍。

（一）气流阻断

在耳压平衡技巧中，所有通过“增压”的原理而实现耳部内外压平衡的方法，都需要人为地创造一个密闭的空间。例如，瓦式耳压平衡技巧是通过将鼻子和嘴巴密封，进而将呼吸道独立成一个密闭的空间。因此，在学习耳压平衡法之前，我们首先要学习如何运用气流阻断技巧使呼吸道成为密闭空间。

呼吸道（图 5–49）是肺呼吸时气流所经过的通道。呼吸道分为上、下两部分，鼻（鼻腔）、咽（咽腔）、喉（会厌、声门）合称为上呼吸道；气管、支气管和肺部器官合称为下呼吸道，或称为气管树。

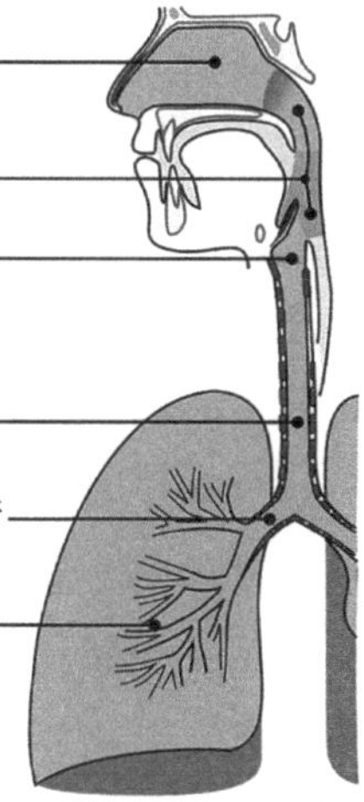

图 5–49　呼吸道结构

呼吸时，气体只能通过鼻子和嘴巴两个部位进出人体。用鼻子呼吸时，空气依次经过鼻（鼻腔）、咽（咽腔）、喉（会厌、声门）、气管、支气管，最后到达肺部；而用嘴巴呼吸时，空气依次经过口腔、咽（咽腔）、喉（会厌、声门）、气管、支气管，最后到达肺部。显然，当空气从肺部反向流出时，如果用手堵住鼻孔或上提软腭堵住鼻腔，气流就只能通过嘴巴排出体外。这时，如果我们采用某种方法阻止气流从嘴巴排出，就可以使呼吸道成为一个密闭空间。因此，我们可以采用以下几种方式来阻断气流：关闭嘴巴、关闭声门、“K”锁和“T”锁。这四种气流阻断方法对于正确掌握耳压平衡技巧是非常重要的，可以说，掌握气流阻断技巧是学习和掌握耳压平衡技巧的前提（由于关闭嘴巴容易完成，此处就不再做详细阐述）。

1. 关闭声门

声门位于咽喉。通俗来说，声门就像空气进出的门，当门打开时，气流可以在声门以上部位（咽腔、口腔和鼻咽腔）和声门以下部位（气管、支气管和肺）之间流通，关闭时则上下气流无法流通。在做“法兰左”时，需关闭声门，以利于鼻咽腔封闭成独立的空腔。

2.“K”锁

所谓“K”锁，即用舌头后部上提抵住软腭，其动作类似于英文字母“K”的发音，所以简称“K”锁。当用舌头后部上提抵住软腭时，就可以阻止气流在咽腔与气管之间流动，使之成为密闭的空腔。

3.“T”锁

所谓“T”锁，即舌尖抵住内侧上齿龈，其动作类似于英文字母“T”的发音，所以简称“T”锁。当用舌尖抵住内侧上齿龈时，就可以阻止气流在口腔与气管之间流动，使之成为密闭的空腔。

（二）瓦式耳压平衡法

瓦式耳压平衡法是通过“增压”的方法实现鼓膜内外压力的平衡，即增加咽鼓管开口周围的气压，将咽鼓管打开，使空气能够进入中耳腔。

瓦式平衡耳压法（图 5–50）的具体做法是，首先用手堵住鼻孔，同时嘴巴紧闭，将呼吸道密封，然后收缩呼气肌（主要是肋间内肌和腹壁肌）并用力向外吐气。根据波义耳定律，由于呼气肌的收缩作用，呼吸道体积开始减小，呼吸道内的空气压力随之增大，空气开始向所有与呼吸道连通的腔室挤压，这时位于鼻咽的两侧壁上的咽鼓管开口会被增大的空气压力打开，空气进入中耳腔，进而实现耳部压力平衡。

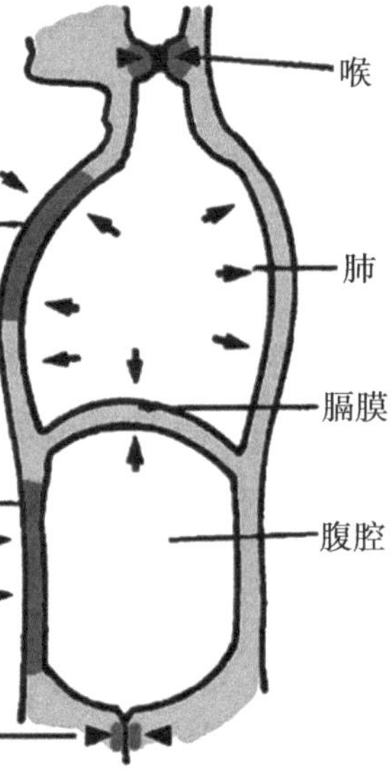

图 5–50　瓦式耳压平衡法示意图

瓦式耳压平衡法相对简单，通过系统的学习和实践潜水员就可以掌握，这种方法适合初学者。瓦式耳压平衡法的具体步骤如下。

第一，肺部吸入足量的空气后，嘴巴紧闭，同时用手捏住鼻子，防止空气从嘴巴或者鼻孔漏出。

第二，呼气肌肉收缩，逐渐向外用力呼气，这时由于嘴巴和鼻孔已经关闭，空气无法泄漏，因此整个呼吸道中的空气压力增加，导致咽鼓管打开，空气通过咽鼓管进入中耳腔，进而达到耳压平衡的目的。

第三，在整个下潜过程中（尤其是从水面到水下 5~6m 处），需根据耳压的情况持续重复以上动作。

瓦式耳压平衡法虽然操作比较简单，但有一个明显的缺点，即当下潜深度超过 10m 时就比较难以运用，具有一定的局限性。这是由于随着下潜深度的增加，外界压力使人的肺部体积开始缩小，当缩小到一定程度时，肺部将无法给呼吸道增压，无法打开咽鼓管，进而导致耳压无法平衡。

（三）法兰佐式耳压平衡法

法兰佐式耳压平衡法（图 5–51）跟瓦式耳压平衡法都是通过“增压”的方法将咽鼓管打开，进而实现空气进入中耳腔达到内外压力平衡。其原理是，将咽腔封闭成独立的空腔，然后用舌根发力去挤压咽腔，致使咽腔的体积缩小，根据波义耳定律，这时咽腔内的空气压力会增大，进而利用增大的空气压力将咽鼓管打开。

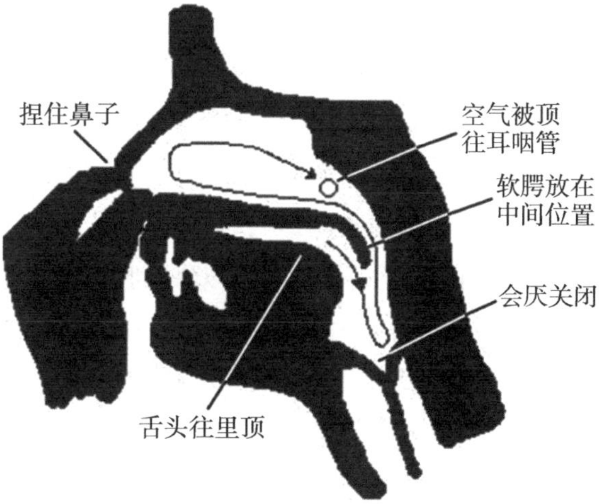

图 5–51　法兰佐式耳压平衡法原理示意图

法兰佐式耳压平衡法的具体步骤包括：首先关闭声门，使咽腔与气管和肺部隔离，同时用手捏住鼻子并紧闭嘴巴，防止空气从鼻腔和嘴巴泄漏，然后用舌根发力对咽腔内的空气进行挤压，咽腔内增大的气压就会把咽鼓管打开，使空气进入中耳腔，使中耳腔内外压力达到平衡。也就是说，位于咽腔的空气受到挤压后，因压力增大必然会向四周传道。当空气向肺部流动时，由于声门已经关闭，因此无法流出；当空气试图向食道流动时，食道在不做吞咽动作时，是关闭状态，此路也不通；当空气向鼻腔流动时，鼻腔已经被手捏住，也无法通气，那么空气只能流向咽鼓管，就只能通过软腭上方的“咽鼓管咽口”被挤入中耳腔。在法兰佐式耳压平衡法中，虽然挤压咽腔空气的唯一力量来自舌头（具体是舌根部），但这个力量是非常强大的。

需要注意的是，当关闭声门时，会厌也会自然关闭。因为人的咽喉是食物和空气共同的必经之路，会厌与声门同样位于咽喉位置，其作用就是防止人在吞咽时误将食物吞入气管。我们可以将会厌想象成一个盖子，在人正常呼吸时，它是打开的，空气可以进出气管；当吞咽时，会厌就会瞬间盖住气管（也就是关闭会厌），以防外物进入气管。因此，在关闭声门时，会厌也会同时关闭，这样就可以将咽腔与气管和肺部之间的通道隔断（图 5–52）。

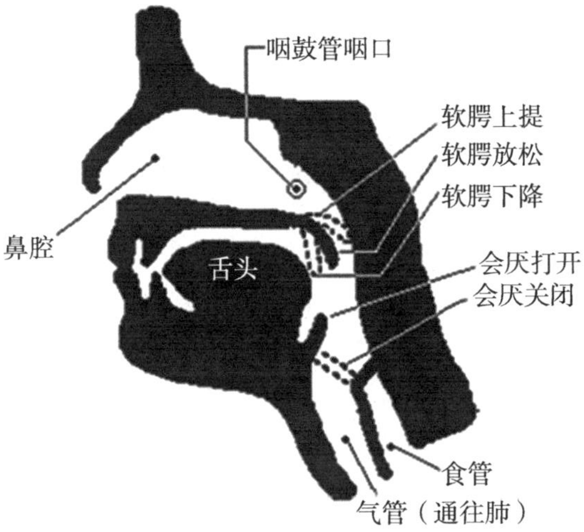

图 5–52　软腭和会厌动作示意图

法兰佐式耳压平衡法最大的优点是，它能够最大限度地节省体能，具有较高的使用效率，因而广受自由潜水员的喜爱。虽然法兰佐式耳压平衡法相对较难掌握，但只要学会动作技巧，并经过循序渐进、科学系统地练习，就可以熟练运用。法兰佐式耳压平衡法的具体操作步骤如下。

第一，用手或者鼻夹捏住鼻孔，防止空气由鼻腔泄漏。

第二，闭紧嘴巴，或使用 K 锁或 T 锁的气流阻断方法，防止空气由口腔泄漏。

第三，关闭声门，将咽腔与气管和肺部之间的通道隔断，使咽腔成为一个独立的密闭空间。

第四，用力收缩舌根挤压咽腔（肌肉收缩的感觉有些类似于吞咽动作），咽腔内的空气压力增大后被软腭挤入咽鼓管咽口，完成耳部压力平衡。

可以用以下练习找到关闭声门的感觉。喉部出气，突然发出“哈”的声音并停止出气，截断气流，关闭声门。由于声门突然关闭，胸腔呼气肌仍在持续施压呼气，而气压又无法得到释放，所以胸部会有稍微紧绷的感觉。经过反复的练习，试着放松呼气肌肉，这种紧绷感就会慢慢减弱，体能消耗也会随之降低。

值得注意的是，如果法兰佐式耳压平衡技巧运用正确，练习者通常会出现以下 4 种特殊的感觉。

第一，舌根收缩，会感到喉结部位上提。

第二，鼻翼处由于受到气压而瞬时膨胀。

第三，耳部会感觉有空气注入的充胀感。

第四，将手放在腹部，感觉不到任何活动或动静。如果能感觉到腹部向咽鼓管发力，则不是标准的法兰左式平衡耳压。

上述特征缺一不可。

三、法兰佐式耳压平衡训练方法

由于法兰佐式耳压平衡法相对来说比较难掌握，其中的动作技巧需要循序渐进地反复练习才能够熟练掌握和运用。因此，必须在理解其原理的基础上，学习相关的动作技巧，并通过反复训练达到熟练运用的程度。

（一）训练阶段与方法

要想熟练掌握法兰佐式耳压平衡法，在自由潜水活动中轻松地加以运用，通常需要经过以下 4 个训练阶段。

1. 陆上训练

在一个安静的地方，放松地坐下，闭上眼睛，用手或鼻夹捏住鼻孔，专心地按照法兰佐式耳压平衡法的完整操作步骤反复练习，直到熟悉每个步骤。陆上训练最好每天做 200~300 次，这样可以让耳部结构和相关肌肉适应这个活动强度，防止在真正下潜时耳部和相关肌肉不协调。比如因潜水员个体差异，下潜 10m 水深的整个下潜过程要做 6~12 次耳压平衡，如果以每次下潜要做 10 次耳压平衡为例，那么一个训练周期下潜 20 次，就需要做 200 次耳压平衡。

2. 水下“足先式”有控制的下潜训练（图 5-53）

用手握住导潜绳或者扶梯，慢慢下潜，同时认真感受耳部压力的变化，感觉到耳部压力增加时做法兰佐式耳压平衡。注意要掌握好平衡耳压的时机，千万不要等到耳部压力过大时才做平衡。随着深度的增加，从水面开始大概每 0.1~0.5m 做一次耳压平衡。当反复练习能够熟练掌握时，潜水员可根据自己的感觉和下潜的速度找到适合自己的耳压平衡节奏或频率。

图 5-53　水下“足先式”有控制的法兰佐训练（借助扶梯）

3.“水平姿势”的法兰佐训练（图 5-54）

当潜水员掌握了水下足先式法兰佐式耳压平衡法后，就可以进行身体成“水平姿势”的法兰佐训练，可按照上述“足先式”的步骤和方法边下潜边进行法兰佐耳压平衡。

图 5-54　“水平姿势”的法兰佐训练

4.水下“头先式”（图 5-55）或“头下脚上”式有控制的下潜训练

这是法兰佐耳压平衡训练的最后一个步骤。继续上述“足先式”的步骤和方法边下潜边进行法兰佐耳压平衡，当逐渐熟练掌握后，可以松开导潜绳或扶梯，踢动脚蹼边下潜边做法兰佐耳压平衡，直到能够熟练掌握。

图 5–55 水下“头先式”有控制的法兰佐训练（借助扶梯）

（二）训练注意事项

在进行法兰佐耳压平衡训练时，有两个问题需要特别注意，否则，很可能无法完成耳压平衡，甚至导致耳部损伤。

1. 在做耳压平衡时切不可仰头

在上述各个训练阶段中，做耳压平衡时都不可仰头，否则会造成颈部牵拉，导致声门较难关闭。尤其是进行“头先式”法兰佐训练时，在下潜过程中不要抬头向下看（图 5–56–a），而要保持目光直视导潜绳或者扶梯（图 5–56–b）。

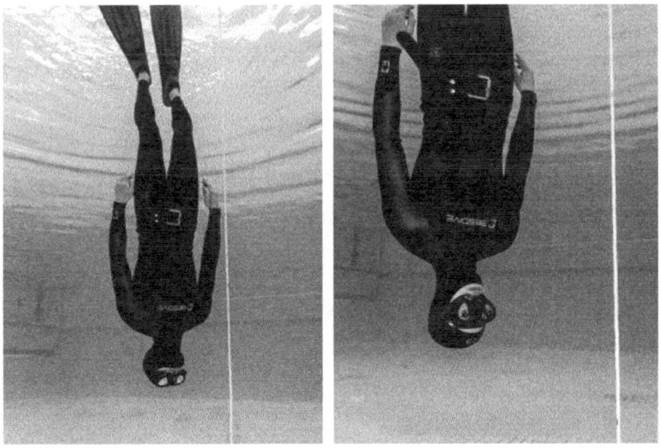

a. 抬头（错误动作）　　b. 目光直视（正确动作）

图 5–56　下潜时目光直视

2. 提前做耳压平衡

在下潜的过程中，切记不可等到耳部出现疼痛感时，才做耳压平衡，一定要在感到耳部有压力时就提前做耳压平衡。耳部出现疼痛感时，耳部结构可能已受到损伤。有必要再次强调，在下潜过程中一定要认真感受压力的变化，一旦感到压力增大就要提前做耳压平衡。

本章复习思考题

1. 自由潜水下潜前应做哪些准备?
2. 在自由潜水下潜前的准备中，拉伸的目的是什么?
3. 屏气前呼吸正确的方法是什么?
4. 呼吸训练的步骤是什么?
5. 放松训练对自由潜水有何影响?
6. 双蹼打腿的动作要领有哪些?
7. 自由潜水水面救援的步骤和方法是什么?
8. 自由潜水下潜时身体需要平衡哪些生理空腔的压力?
9. 法兰佐耳压平衡法具体的操作步骤和方法是什么?
10. 运用法兰佐耳压平衡技巧时，身体会出现哪些特殊感觉?

CHAPTER 06 《《 第六章

自由潜水安全防范与海洋环境保护

自由潜水活动过程中的安全防范与环境保护工作，是自由潜水运动不可或缺的部分。安全防范是自由潜水运动能够顺利开展的前提，而环境保护是每一名潜水员都必须肩负的重大责任。

第一节　自由潜水风险与防范

任何体育运动都存在着一定的潜在安全风险，自由潜水活动也不例外。要保证安全、顺利地开展自由潜水活动，潜水员需要在系统地总结和归纳安全风险的基础上，了解并知晓其发生的原因及应对办法，进而通过有效的风险预防工作，大大地降低风险发生率，以确保自由潜水活动始终处于安全范围之内。

一、自由潜水风险

大量的案例表明，潜水事故的发生与没有制订严谨的潜水计划、没有认真执行潜水程序及没有严格遵守相关的潜水安全制度等直接相关。可以说，潜水事故发生的主因是人为因素。根据自由潜水安全风险的原因不同，我们可以将自由潜水活动过程中可能出现的安全风险分为身体功能风险、技巧与装备类风险和环境伤害风险三大类。

（一）身体功能风险

自由潜水活动中的身体功能风险主要有自主控制功能丧失、昏厥、身体脱水、低体温症与中暑等。这些身体功能风险既与自由潜水的生理学原理相关，亦有可能因自由潜水的装备或环境造成。

1. 自主控制功能丧失（LMC）

前文已述，自主控制功能丧失（LMC）指的是潜水员经过长时间的屏气后，因大脑缺氧造成身体抽搐，而表现出一系列不受自我控制的、不协调的、手舞足蹈的动作。由于其表现与一种名为“桑巴”的舞蹈相似，因而也常被称为“桑巴”或“桑巴舞”。

需要进一步强调的是，当潜水员产生自主控制功能丧失时，其主观感觉主要有头部昏沉、颤抖、视线狭窄、四肢僵硬、动作不受控制等。而其他人可观察到潜水员吐气、嘴唇与脸部发绀、反应迟缓以及做出不协调的“桑巴舞”动作等表现。如果潜水员继续缺氧，则会发生昏厥。

还需要再次明确和强调的是，有些潜水员在产生自主控制功能丧失时身体抽搐得非常厉害，其不受控的表现相对强烈，但也有一些潜水员在产生自主控制功能丧失时不一定会有明显的“桑巴舞”表现。因此，我们在判断潜水员是否产生自主控制功能丧失时，不能仅仅以潜水员出现明显的“桑巴舞”表现作为判断标准，而应该注意观察潜水员是否吐气，是否反应迟钝，嘴唇与脸部是否发绀等状况，否则很可能会导致潜水员在毫无察觉的情况下发生昏厥，进而造成严重后果。

2. 昏厥（BO）

如前文所述，在自由潜水中，昏厥（BO）特指因屏气时间过长，潜水员的血氧饱和度降低到一定程度后，造成大脑缺氧无法正常工作。一般情况下，潜水员的血氧饱和度降低至 40% 左右时昏厥发生的可能性就会大大升高。

有必要再次强调，在自由潜水过程中，屏气即将结束或结束阶段潜水员的血氧饱和度最低，所以昏厥大多出现在此阶段。以深度下潜为例，当潜水员达到下潜深度返程上升时，其中 95% 左右的潜水员昏厥发生在水深 5m 至水面阶段，仅有 5% 左右的昏厥发生在水深 5~25m 阶段。由于在自由潜水深度下潜项目中，潜水员昏厥基本发生在屏气即将结束阶段的浅水区，因此，这种昏厥有时也被称为“浅水昏厥”。

对于自由潜水员来说，昏厥本身并不可怕，可怕的是潜水员昏厥后呼吸道没入水中，无法继续摄入氧气的时间过长，造成大脑伤害和溺水。

3. 溺水

溺水是指当人淹没于水中，由于不能保持屏气而被迫进行呼吸，造成水、泥、杂草等进入呼吸道和肺泡，或因咽喉、气管发生反射性痉挛，引起窒息和缺氧，肺泡失去通气、换气功能，使身体处于危急状态，产生低氧血症、CO_2潴留和酸中毒等，严重时会因呼吸、心搏停止而死亡。

在自由潜水活动中，潜水员发生溺水的风险是比较高的。当潜水员屏气接近自己的极限时，如果不及时回到水面恢复呼吸，很容易昏厥，此时如果没有潜伴将其带回水面，则极易发生溺水事故。尤其是潜水员在发生昏厥之前，如果没有表现出明显的自主控制功能丧失现象，因而没有引起潜伴注意，则潜水员很可能发生没有察觉情况下的昏厥，进而增加了溺水事故的发生率。

4. 身体脱水

身体脱水是指人体所消耗的大量水分不能得到及时补充，造成新陈代谢障碍，导致身体无法维持正常功能，出现口干、少汗、肌肉抽筋、心跳加速、头晕、恶心、呕吐等症状，严重时会造成虚脱，甚至危及生命。除了上述症状外，身体缺水还会导致中耳及鼻窦压力平衡困难。

在自由潜水活动中，潜水员的潜水反射生理反应会造成多尿现象，潜水员在大量排尿的过程中，血液中的水分也被过多地排出，加之运动中的汗液流失，潜水员的身体容易脱水。此外，由于潜水员四肢肌肉的无氧呼吸作用，造成肌肉中的乳酸大量堆积，身体为了尽快将肌肉中的乳酸排出，就更加需要补充水分，从而进一步加剧了脱水。另外，在高温环境中进行自由潜水活动时，潜水环境的高气温或高水温都会造成潜水员的身体大量出汗，如果水分摄入不足或不及时，潜水员也会脱水。

5. 低体温症

低体温症是指在寒冷环境中人体通过皮肤、呼吸所散出的热量大于机体代谢所产生的热量，造成体温不能保持在正常的水平上。当体温下降到35℃以下时，潜水员就会发生无法控制的颤抖、意识障碍、血压下降、心律不齐、心动过缓、呼吸剧减、肌肉僵硬等症状。当体温下降到32℃以下时,人体会进入“冬眠”状态,新陈代谢几乎停止,如果不能及时恢复体温,将会导致死亡。

在自由潜水活动中,潜水员发生低体温症往往与温度较低的潜水环境有关,因此,这意味着合适的潜水保暖装备和必要的能量补充至关重要。值得注意的是,即使在气温和水温都不太低的潜水环境中进行自由潜水活动,如果没有选用合适的保暖装备或没有及时进行必要的能量补充,长时间的自由潜水活动也有可能造成低体温症。

6. 中暑

中暑是指在高温、高湿环境下,人体体温调节中枢功能障碍、汗腺功能衰竭,以及水、电解质丢失过多而引起高热、大量出汗、肌肉痉挛、乏力、晕厥等症状,严重时可能导致死亡。

高温环境是造成潜水员中暑的主要原因,身体长时间暴露在强烈的阳光下、在运动强度比较剧烈的潜水活动后身处高气温环境中等,都会使得潜水员发生中暑的风险大大增加。当然,在高温潜水环境中,如果潜水员水分摄入不足或不及时,中暑的风险也会增大。

7. 肌肉痉挛

在自由潜水时,若潜水员下潜前肌肉拉伸和准备活动不充分,或在潜水中身体疲劳、脱水等,抑或因潜水环境温度较低而感到寒冷时,极易发生腿部肌肉痉挛,从而导致潜水员恐慌,其动作也会变形,体能被大量消耗,严重时甚至造成昏迷。

为了避免在潜水时发生肌肉痉挛,潜水员除了平时要加强身体素质训练、提高肌肉耐力外,还要重视下潜前的肌肉拉伸和热身活动,同时在潜水活动前、中、后各个阶段,要及时、适当地补水,在温度较低的潜水环境中要注意防寒,穿着厚度合适的潜水服。需要注意的是,在自由潜水时,教练员应根据潜水员的能力和潜水环境,制订运动强度和运动量适宜的训练计划,切勿在超越潜水员自身能力和对抗潜水环境的情况下进行自由潜水活动,以免发生肌肉痉挛及相应的安全风险。另外,还要加强潜水员应对发生肌肉痉挛的模拟训练,避免在潜水时因肌肉痉挛而引起恐慌。

（二）技巧和装备风险

技巧和装备风险是进行自由潜水活动时的常见风险。许多此类风险事故案例表明，如果潜水员对自由潜水的相关知识掌握不够全面、对自由潜水相关技能和技巧训练不足，或对自由潜水相关装备的使用不够熟练，则发生技巧和装备风险的概率会大幅提升。在自由潜水活动中，常见的技巧和装备风险主要有面镜进水或脱落、压力无法平衡、安全绳脱落、配重过重、脚蹼脱落等。

1. 面镜进水或脱落

如果潜水员在下潜前未正确佩戴面镜，如佩戴时面镜的裙边压住头发，则当潜水员下潜到一定深度时，很可能发生面镜进水；或自由潜水员所佩戴的面镜已经老化，如在下潜过程中发生面镜带断裂导致面镜脱落，则潜水员很可能会因失去面镜而无法观察水下情况。一旦面镜进水或脱落，如果潜水员不能熟练运用面镜排水技巧或无面镜潜水技巧及时处理所发生的问题，则极易导致潜水员恐慌，由于心理紧张，动作发生变形，进而增加呛水或溺水风险。

为避免因面镜进水或脱落所引起的安全风险，应加强自由潜水员面镜佩戴技巧、面镜排水技巧和无面镜潜水技巧的训练，使其能够熟练自如地掌握和运用这些技巧，提高应对相关问题的能力。此外，平时要定期保养和维护面镜，使用前要认真检查面镜状况是否良好，下潜前要仔细检查佩戴是否正确、裙边有无发生进水的可能等。

2. 压力无法平衡

如果自由潜水员的耳压平衡技巧训练不足，掌握和运用得不够熟练，在进行自由潜水活动时很可能会因耳压平衡不及时或不充分，造成中耳损伤；或自由潜水员在潜水过程中过度紧张，也可能会无法正常运用耳压平衡技巧，造成中耳损伤。另外，自由潜水员感冒、鼻塞、疲劳、寒冷、脱水等也会造成耳压无法平衡或耳压平衡不充分，特别是潜水员鼻窦堵塞时，很可能出现中耳或鼻窦因压力无法平衡而造成的伤害。

为避免因压力无法平衡所造成的中耳和鼻窦损伤，自由潜水员首先要按照循序渐进的原则加强耳压平衡技巧训练，反复练习直到能够熟练掌握和运用；其次在进行自由潜水活动前、中、后要适当补水，并穿着厚度合适的潜水服，防止热量过度流失，保持潜水员良好的生理状态，以利于其正常发挥耳压平衡技巧。当然，若潜水员在潜水过程中感觉身体疲劳、寒冷时，应及时结束潜水活动。潜水员患有感冒，鼻塞、鼻炎或身体不适时不要参加潜水活动，以免发生因压力无法平衡而导致的安全风险。

3. 安全绳脱落或卡住

在自由潜水深度下潜中，如果安全绳脱落或卡住，潜水员脱离导潜绳或卡在导潜绳上，则会发生潜水员在水面浮标安全区域之外出水、潜伴无法按计划深度在接应处接应等安全风险，而潜水员因无法顺利返回水面而产生恐慌，其动作会出现变形，甚至可能发生昏迷或失踪。

安全绳脱落或卡住的原因主要包括：①下潜前安全绳卡扣没有牢靠地连接在导潜绳上；②安全绳卡扣的保养维护不到位或质量不好；③安全绳卡扣被卡在导潜绳的“底部配重”上。因此,在进行自由潜水深度下潜时,要制订装备准备清单，在潜水前认真检查安全绳及其卡扣是否牢靠、导潜绳的“底部配重”是否有可能卡住安全绳，下潜前检查确认安全绳卡扣是否牢靠地连接在导潜绳上。同时，潜水员平时应加强安全绳脱落或卡住的模拟情景训练,增强应对发生此问题的能力。

需要注意的是，有的潜水员在潜水环境较好、水下能见度清晰的情况下，在深度下潜时不喜欢佩戴安全绳下潜，以期获得更加惬意的自由潜水感觉，但从安全角度考虑，不提倡这种做法，尤其当水下能见度小于 10m 时，在深度下潜中必须佩戴安全绳。

4. 配重过重

在自由潜水恒重下潜中，如果潜水员佩戴的配重过重，则会导致潜水员上升困难，在上升过程中消耗过多的体能，严重时可能造成潜水员无法上升进而发生安全风险。

潜水员在恒重下潜中佩戴过重配重，主要是缺乏配重的相关知识，或训练经验不足致使对自身配重把握不准。因此，潜水员应加强相关理论知识学习，熟悉如何正确地计算配重，并在实践中循序渐进地积累经验，掌握自身合适的配重。另外，在新的潜水环境或穿着新潜水服进行恒重潜水时，要多做几次配重调试，以获取合适的配重。

5. 脚蹼脱落或卡住

如果潜水员穿着的脚蹼脚套尺码与自己脚的大小不匹配，或脚蹼脚套老化，则很可能在自由潜水过程中发生脚蹼脱落；又如果导潜绳的底部配重距离水底淤泥太近，也可能造成潜水员在转身时脚蹼被卡在淤泥里。若发生上述情况，潜水员上升会出现困难，引起恐慌，动作变形，进而发生安全风险。

为避免脚蹼脱落或卡住，潜水员应采取的措施包括：选择合适自己脚部尺码的脚蹼脚套；佩戴脚蹼固定带，加强脚蹼的固定；定期检查脚蹼，防止脚蹼脚套老化。另外，在自由潜水时，要准确获取潜水点的水深及水底情况，布设导潜绳时注意底部配重不要距离水底太近，以避免脚蹼被卡在淤泥里。

（三）环境伤害风险

自由潜水活动中的环境伤害风险主要有紫外线伤害、水下生物伤害和水面船只伤害。显然，环境伤害风险的外因是外界环境，但潜水员在潜水活动中没有严格遵守相关自由潜水安全制度和规定也会造成环境伤害风险。

1. 紫外线伤害

在自然水域进行潜水时，潜水员经常会在选择纬度较低的热带或亚热带地区，直射阳光的紫外线非常强烈。如果潜水员在岸边或浮出水面时没有采取相应的防护措施，其裸露的皮肤很容易受到紫外线伤害。因此，在自然环境中进行潜水活动时，潜水员一定要做好必要的防晒，如穿着防晒潜水服，在裸露的皮肤部位涂抹防晒膏，使用防止阳光直晒的遮阳伞等。

值得注意的是，在自然水域进行潜水时，直射的阳光并不是唯一的紫外线伤害源，水面反射的紫外线同样非常强烈，也是不容忽视的紫外线伤害源。尤其，水面反射的紫外线没有明确的方向性，防护会更加困难，而且往往会被忽视。因此，潜水员防止受到紫外线伤害不仅要防止直射阳光的紫外线，防止水面反射的没有明确方向的紫外线也许更为重要。

2. 水下生物伤害

在自然水域潜水，潜水员必然会遇到各种水下生物。当潜入水下时，要始终牢记水下世界是各种水下生物的家园，人类只是外来的过客。因此，潜水员避免受到水下生物伤害的首要前提是要尊重这些水下生物的生活习性。事实上，大多数水下生物都不会主动接近潜水员，其受到水下生物伤害往往是由水下生物被潜水员故意或不经意地打扰、惊吓和激怒，水下生物出于自我防御所导致的。

虽然水下生物不会主动攻击或伤害潜水员，但是，在自然水域进行潜水活动时，潜水员要熟知和掌握水下生物的生活习性，学会如何与水下生物和平相处，不去触碰它们，不随意干扰它们的生活节奏和活动规律，更不能试图改变它们的行为状态。换言之，遇到水下生物时，最合理的做法是轻轻地游动并择机远离。

3. 水面船只伤害

在自然水域潜水，如果安全防范措施不严谨，极易发生潜水员受到水面船只伤害的安全风险，如潜水员浮在水面时受到来往船只的碰撞，潜水员上升浮出水面时碰到水面船只或被螺旋桨伤害等。潜水员受到水面船只伤害的主要原因通常是潜水计划的安全防范措施不足，执行不力，如事先没有清楚地知晓下潜水域的交通往来船只的情况或规律，没有在潜水区域布设明显的潜水水面浮标，岸上或船上协助潜水的安全员没有尽到观察、提醒和警告的义务等。水面船只伤害在很大程度上是人为因素导致的。值得注意的是，即使事先知晓水面船只交通情况，比如已经知晓潜水区域是在交通航道上，或已对潜水船采取保护性处理（比如对潜水船的螺旋桨进行防护处理），但如果对相应的安全防范措施不够重视，也极易发生水面船只伤害潜水员的情况。因此，防范水面船只伤害风险的关键是要高度重视潜水计划中安全防范措施的制订，并在潜水实践过程中确保能够得到完全的落实和执行。

（四）失踪风险

失踪是在自然水域进行潜水活动时最危险的情况，自由潜水活动也不例外。长期的潜水实践证明，如果对潜点的水下环境不清楚，对其复杂性估计不足，或潜水装备准备不充分（如安全绳），以及对潜伴的潜水技能和体能水平不了解，仅凭过往的经验贸然潜水，则极易发生失踪的风险。

虽然自由潜水员失踪的情况极少发生，但是也不可掉以轻心。例如，2015年8月2日，俄罗斯自由潜水冠军、41项世界纪录保持者娜塔莉亚·莫查诺娃（Natalia Molchanova）在西班牙巴利阿里群岛附近海域潜水时不幸失踪，搜救两天无任何发现，且一直没有发现她的遗体。在此次自由潜水活动中，她并未打算再一次打破世界纪录，而只是计划与三名同伴潜入完全可达到的深度，进行一次从容的潜水娱乐活动。据报道，出事海域海面及海底水流相当强且难以预测，人们分析其失踪原因很可能是被暗流卷走。

即使有完善严谨的潜水计划，但在自由潜水中不按照计划行事，没有认真执行相关的潜水规定，比如不严格遵守潜伴制度、水下卸除安全绳、不按预定的潜水时间或地点出水、随意改变潜水目标等，则发生潜水失踪的风险均会增加。

二、自由潜水风险的防范

自由潜水风险的预防工作主要包括潜水前的准备和相关的安全制度的制订。本节从潜水计划的制订、潜伴制度和发生意外情况的征兆三个方面，讲解如何保证安全。

（一）自由潜水计划

潜水计划的制订在自由潜水活动中具有重要作用，如果没有完善的潜水计划，潜水活动的潜在风险会大幅提升，很可能造成失败。例如，当潜水员来到海边准备进行自由潜水训练，结果发现水温太低，而所带的潜水服又不足以维持体温，在整个潜水过程中会感到很寒冷，体验很差，甚至可能出现低体温征或肌肉痉挛。又例如，因为没有提前看天气预报，当到达当地潜水点时发现因风浪太大而无法下水，白白地浪费了时间、精力和交通费。因此，在进行自由潜水活动前，制订一份周密的潜水计划非常重要，潜水计划既是保证自由潜水活动能够顺利完成的基本前提条件，也是预防发生潜水风险的安全防范基础。

在制订自由潜水计划时，应充分考虑如何预防潜在的安全风险，我们主要从以下5个方面着手，按步骤系统地制订潜水计划，以防遗漏和疏忽。

1.是否对一切相关信息了如指掌

我们知道，潜水员在自由潜水时，应保持心无杂念，使自己的大脑、精神和身体完全放松，但是，在实际的潜水实践中，各种主观和客观的不确定因素往往会导致潜水员生理和心理上的紧张。比如，当潜水员不确定新潜伴能否在自己陷入困境时有能力及时施加援手，不确定潜水环境中是否会遇到自己力所不及的意外情况，不确定水下是否有暗流等状况……这些不确定因素都有可能造成潜水员紧张，身心无法达到完全放松的状态，进而不利于其在自由潜水活动中的整体表现，甚至可能引起意外。因此，在制订自由潜水计划时，潜水员必须通过收集、分析及交流的方法，充分了解和掌握自身、潜伴、器材状况及潜水环境等，只有对这些不确定因素做好充分准备，在整个潜水过程中才能够充分放松。

在制订自由潜水计划时，需要收集、分析和交流的信息主要包括但不限于团队与潜伴的水平和能力、潜水环境状况、潜水器材状况、意外状况下的紧急应对措施等，这些信息越全面越详细越好。有了这些信息，很多不确定性因素就会得以化解，潜水员便可以安心地进行自由潜水活动，最终将风险控制在可承受范围内。

2. 对潜伴或团队人员的简报是否详细

潜水简报指的是在进行自由潜水活动前，潜水团队成员之间或潜水团队领队与成员之间相互通报地对此次潜水活动流程和安全应急方案的简单报告。换句话说，简报就是向所有成员传达此次潜水活动的目的、潜水活动程序、潜水团队成员的角色、能力水平、潜水时间、安全注意事项及紧急应对措施等重要相关信息。

潜水简报应做得完整、清晰，让潜水团队的每一名成员都能够清楚地了解和掌握这些重要信息，使他们可以充分了解整个潜水活动。例如，在做恒重有蹼训练时，潜伴之间要根据各自的潜水能力，事先确定某一个接应水深，以便在潜水员上升返回时，潜伴在最有可能出现风险的水深处进行安全接应；或者在进行静态屏气训练时，潜伴相互之间要确定如何进行安全沟通；又或者新的潜伴在训练前，要提前相互熟悉对方，了解对方的潜水能力，使双方都熟知自己潜伴的真实状况，增进相互之间的信任。

3. 意外情况下是否知道该如何应对

潜水员通过对自由潜水活动相关重要信息的收集、分析和交流，在了解和掌握自由潜水所存在的主要风险基础上，对那些可能会在此次自由潜水过程中出现的意外风险，制订有针对性的应对预案，从而降低潜水风险。

在潜水计划中，意外情况下的紧急应对预案极为重要，潜水员自身、潜伴或者潜水团队中的每个人都必须事先知道万一出现意外情况，应如何正确处理与应对。例如，万一潜伴在 10m 水深处发生昏厥（BO），潜水员要知道如何用正确的救援技巧将其带回水面；或者潜伴在静态屏气时开始出现自主控制功能丧失（LMC）时，潜水员也应该知道如何进行正确的处理。

在制订自由潜水计划中的紧急应对预案时，要根据此次潜水活动的实际情况，尽可能全面地考虑所有可能发生的风险，并按照发生潜在风险的概率和风险后果的严重程度，由高到低依次列出潜风险等级及应对的方法，这样做可以引起潜水员对发生概率大、后果严重的潜在风险给予高度重视。当然，这样做并不意味着潜水员不必重视发生概率小、后果较轻的潜在风险，所有的潜在风险无论其发生率和后果的严重性如何，潜水员都不能轻视。

4. 潜伴之间是否明确了水下沟通手势

当潜水员身处水下环境时，是无法使用语言进行交流的，所以必须借助特定的手势进行沟通。因此，潜伴之间在下潜前必须明确相互沟通的手势，确保大家在水下打出的手势表达的是相同的含义，否则潜水员所表达的意思可能会被潜伴误解，造成潜水活动无法顺利进行，甚至可能导致紧急情况和危险。自由潜水的一些基于习惯并得到公认的常用水下手势如下文所述。

图 6–1　是否正常？一切正常手势

（1）是否正常及一切正常手势（图 6–1），该手势所表达的含义一是潜水员在出水时向潜伴表示一切正常；二是在水下潜伴之间相互询问对方是否一切正常；三是在水下回复潜伴的询问，表示一切正常。

（2）有问题手势（图 6-2），潜水员如果在水下感觉有问题时，则可以向潜伴做出此手势。

（3）不明白手势（图 6-3），潜水员如果不明白潜伴做出的手势，则可以向潜伴做出此手势。

图 6-2　有问题手势（手放平左右摇摆）

图 6-3　不明白手势

（4）指示游进方向手势（图 6-4），示意潜伴向某个方向游动时做出此手势。

图 6-4　指示游进方向手势

（5）上升与下潜手势（图 6–5），向潜伴示意继续上升或下潜时可做出此手势。

图 6–5　上升与下潜手势

（6）感觉冷手势（图 6–6），当潜水员在水下感到身体寒冷时，可向潜伴做出此手势。

图 6–6　感觉冷手势

（7）肌肉痉挛手势（图 6–7），当潜水员在水下发生肌肉痉挛时，可向潜伴做出此手势。

图 6–7　抽筋手势（指着抽筋部位做“拿捏”动作）

（8）耳压无法平衡手势（图 6–8），当潜水员无法平衡耳部压力时，可向潜伴做出此手势。

图 6–8　耳压无法平衡（耳朵痛）手势

在水下，潜伴之间除了用手势来传达信息之外，还可通过牵拉导潜绳传达信息。例如，当潜水员沿着导潜绳动态有蹼下潜时，到达预定深度后，在转身返回时拉一次导潜绳，可起到协助转身和向水面传达转身信号的作用，处于水面的潜伴（或安全员）用手感应到导潜绳传递的信号后，即可知道潜水员已经转身开始上升，此时潜伴应开始做准备，并按照计划时间下潜接应。需要注意的是，潜水员下潜后，潜伴（或安全员）的手应时刻抓握导潜绳，以感应潜水员发出的信号。

在静态屏气时，为节省体能，潜水员常用最小幅度的动作回复潜伴的询问，向潜伴（或安全员）传达“一切正常”“有问题”和“警戒”。例如，上下动一动食指表示“一切正常”；上下动一动拇指表示感觉不太良好，准备结束屏气，请潜伴（或安全员）“警戒”。另外，当潜伴（或安全员）需要询问潜水员情况时，可用语言发问或者用手指轻点潜水员的肩膀询问。但需要注意的是，所有这些方式所代表的含义都应该在屏气前相互沟通，确保双方都了解。

5. 是否与潜水团队成员之间确认相关重要信息

在进行自由潜水活动时，根据此次潜水活动项目的性质和特点，潜水员须与潜伴或潜水团队其他成员进行相关重要信息的确认。在进行深度下潜时，确认的信息通常包括：在进行深度下潜时，潜水员入水和出水的时间，计划下潜的深度等，这样做的目的是保证潜水员下潜到指定的深度时可安全返回。

需要注意的是，不同的自由潜水活动具有不同的潜水目标，对潜水员的能力水平、潜水装备及潜水环境等的要求也不尽相同。在制订潜水计划时，应根据潜水目标、人员、装备的实际状况来确定计划中的一些内容。例如，计划进行 10m 水深的恒重有蹼潜水，场地可以选择一些海洋馆；而如果计划进行 40m 水深的大深度恒重有蹼潜水，那么一般的海洋馆是无法满足潜水条件的，只能选择去开放水域。又比如，潜水活动水域的水温是多少？如果水温在 21℃左右，潜水员要选择穿着 5mm 厚的潜水服保暖，而如果水温是 28℃左右，选择 1mm 厚的潜水服就可以了。潜水计划中的这些看起来不是非常重要的信息，在潜水实践中却往往对潜水活动的可控性、安全性及潜水效果具有重要影响。潜水员在更加安全的、受控的、舒适的环境下潜水，其生理上更容易适应，心理上也会更加有安全感，从而更有利于开展自由潜水活动。

在制订潜水计划时，上述五个方面的问题之间会有重叠，可以按照时间的先后顺序综合考虑，并按照以下步骤进行。

（1）提前收集好足够详细、完整的相关信息，尤其是要包括潜水活动中可能出现的安全风险，并以此为依据制订合理的潜水计划。

（2）到达潜点后，再进行潜伴或潜水团队成员相互之间的简报，简报应完整详细、清晰明确，包括整个计划本身，以及紧急应对预案和水下沟通手势等。简报后应向潜伴或潜水团队成员确认是否清楚和明白。

（3）潜伴之间或潜水团队成员对整个潜水计划进行相互提问，对各种问题提出反馈意见和充分讨论，并针对相关的问题偏差对潜水计划进行必要的修正，此后，潜水计划就比较完善了。

（二）潜伴制度

所谓潜伴制度，指的是无论在何种条件下、进行何种类型的自由潜水活动，至少要两个人结伴进行，绝对不能单独潜水。潜伴制度是前人用“血的代价”换来的潜水原则，每位自由潜水员必须将其牢牢地记在心中，并严格遵守。

1.潜伴制度须遵循的原则

在自由潜水中，潜伴间的关系是肝胆相照、彼此信任的。互为潜伴的两人，应达到高度默契。合格的潜伴应对自由潜水有着共同的兴趣、态度且能力相当，在合格潜伴的陪伴下进行自由潜水活动，潜水员可以更安全地、放心地挑战静态屏气、动态屏气及深度下潜等需要高度协作进行的自由潜水项目。合格的潜伴必须经过专业知识的学习和训练，了解所有自由潜水的重要知识，掌握必备的自由潜水技能和救援技能，并且具备进行心肺功能复苏（CPR）的急救能力。对任何一名自由潜水员来说，决不能因为自身的疏忽或能力不足，导致自己的潜伴在潜水中发生意外。

自由潜水的潜伴制度必须遵循以下原则。

第一，潜伴要对彼此的能力、生理和心理状况等有足够的了解，熟知彼此的性格特点，在参加自由潜水活动时能够相互适应、相互体谅、相互包容。

第二，在准备、下潜、上升等各个自由潜水阶段，潜伴间都要互相帮助，彼此之间要有充分的信任。当潜水员在水下遇到困难或危险时，潜伴必须予以帮助或在确保自身安全的前提下进行救援。若自身救援能力不足，应立即向其他潜水员或潜水协作人员发出救援信号并协助救援。

第三，无论在何种条件下、进行何种类型的自由潜水活动，自由潜水教练员或等级较高的自由潜水员都应该最先下水和最后出水上岸，以确保等级较低的自由潜水员的安全。

2.潜伴之间的协作要求

自由潜水员一旦相互结为潜伴，一定要严格按照潜伴制度进行自由潜水活动，以下是自由潜水潜伴制度的具体要求。

第一，潜伴之间在潜水前应充分讨论潜水计划，并在整个潜水过程中严格遵守并执行潜水计划。潜伴之间经过沟通，加深了彼此了解，以便在具体执行潜水计划的过程中更加有针对性地帮助对方。此外，经过充分讨论，潜水计划也会更合理、安全及高效，可以避免很多意外情况的发生。例如，如果潜伴的静态屏气最长时间是 2min，而你却误以为是 4min，当潜伴的屏气时间已经超过了 2.5min，你却仍没有警觉并加以注意，则可能导致潜伴在水下发生昏迷。又例如，你可以完成的最大下潜深度是 10m，而你的潜伴却具有下潜 60m 深度的能力，显然，目前你所具备的能力是不适合做他的潜伴的，那么就要重新搭配潜伴，使两者之间的潜水能力更加匹配。

需要注意的是，如果在执行潜水计划的过程中情况有变，如改变潜水目标、潜水环境发生变化、潜水团队人员变动等，需要对原有的潜水计划进行调整时，必须及时通知潜伴或潜水团队成员。一般情况下，潜水计划是不可以随意改变的。例如，在原计划中你准备下潜的深度是 20m，和潜伴约定在水深 7m 处接应你返程，结果你又自行决定下潜到 30m，这可能会造成极大的风险，一旦你上升时在水深 10m 处发生了昏迷，情况就相当危险。又如，原计划在 12 点结束潜水，结果你和潜伴 12 点半才结束潜水，这对于岸上或船上等待的工作人员来说是一种心理上的煎熬，他们可能展开不必要的救援行动。因此，事前制订的潜水计划必须严格执行，若无必须调整的原因，则不要轻易改变。

第二，严格做到“潜前通知，时刻关注”。每次下潜之前都要通知潜伴，你准备开始下潜了，并再次告知潜伴你的潜水深度和时间等。如果没有告知潜伴，则潜伴很可能会注意不到你已经开始下潜，导致接应你的时机和地点不正确，由此而产生风险。反之，当你的潜伴开始下潜后，你一定要时刻关注他的动向，同时用手握住导潜绳，感知绳子震动，以此来判断潜伴的动向，这是因为有时候水太深或者能见度不佳，你无法俯卧在水面看到水下的潜伴，需要通过拉动导潜绳来传递信号。

第三，要根据整个潜水团队成员中水平最低的潜水员的能力制订潜水计划。如果所制订的潜水计划中的要求超过了水平最低的潜水员的能力，那么这名水平最低的潜水员就不能参加此次潜水活动，因为所有超越他能力的自由潜水活动，可能都存在风险。

第四，始终坚持“一上一下”。当一名潜水员下潜时，其潜伴必须位于水面之上。换句话说，不允许潜水员和自己的潜伴同时下潜。这是因为当潜水员下潜时，他的潜伴必须在水面承担观察任务，当发现下潜的潜水员出现问题时，可以在第一时间向其他协作人员发出呼救信号，并及时下潜实施援助。除此之外，在水面承担观察任务的潜水员可以适当休息，保证当其下潜救助潜伴时有充足的体力。

第五，严格执行“伴随上升”。当潜水员返程上升时，他的潜伴需要提前下潜至某个特定深度等待他，并伴随在他身旁一起返回水面。统计数据显示，99.9% 的自由潜水员昏厥发生在水深 25m 到水面的上升阶段，其中约有 5% 的自由潜水员昏厥发生在水深 5~25m 的上升阶段，约有 5% 的自由潜水员昏厥发生在水深 5m 到水面的上升阶段，而约有 90% 的自由潜水员昏厥发生在返回水面后。因此，在自由潜水员上升阶段，其潜伴的“伴随上升”特别重要，尤其要重视返回水面后的 30s。在这个时间段内，返回水面的自由潜水员的潜伴一定要距离他不超过一臂的距离，一旦其发生昏迷，可以在第一时间进行施救。

担任“伴随上升”的潜伴到底应该在多深的水域接应返程上升的潜水员呢？根据长期的实践经验，必须遵守“三分之一法则”，即在此次下潜深度的 1/3 处接应返程上升的潜水员。例如，如果潜水员此次下潜的水深是 30m，那么他的潜伴至少要在 10m 水深处等待接应，并伴随他一起上升返回水面；又如，当潜水员准备下潜至 60m 水深，那么他的潜伴至少要在 20m 水深处跟他会合并一同返回水面。因此，潜伴的选择就显得至关重要，如果一名自由潜水员的潜伴无法下潜到他下潜深度的 1/3 处，就不能做这名自由潜水员的潜伴。另外，担任“伴随上升”任务的潜伴也要计算好接应时间，过早或者过迟到达接应深度都会导致接应失败。这需要潜伴之间的默契和经验，安排合理的接应时间。例如，如果自由潜水员计划以 1m/s 的下潜和上升速度下潜到水深 30m 处后返回，那么他的水下潜水时间共计约 60s，根据“三分之一法则”，他的潜伴至少要在 10m 水深处等待接应他，接应的潜伴从水面下潜到 10m 水深处大约需要 10s，为保证接应的准时性和可靠性，接应的潜伴还要提前 6~10s 到达接应点，因此，担任接应任务的潜伴应该在自由潜水员下潜 30~34s 后开始下潜，以便能够按时到达接应点，确保接应准时可靠。

第六，要根据不同项目的性质特点，明确潜伴或潜水团队成员之间的具体要求。例如，在静态屏气项目中，潜伴或潜水团队成员之间必须知晓潜水员以往的最长静态屏气时间，以便在静态屏气时能够在适当的时间点相互提醒，避免发生昏厥。又如，在恒重深潜项目中，负责“伴随上升”的潜水员，必须知晓潜伴此次下潜的深度、下潜和上升速度及期望的接应点等关键信息，确保接应的准确性，降低事故发生率。

（三）发生意外情况的征兆

在自由潜水活动中，潜水员即将发生意外情况前通常会有一些可以觉察到的迹象和征兆，这些迹象和征兆对潜水员自身来说是需要重视的，对于其潜伴来说也是一种安全信号，因此，潜水员与其潜伴能够迅速地觉察与辨识这些迹象和征兆，并采取正确的应对措施，可以在很大限度上避免发生意外伤害。根据自由潜水相关生理学理论和人们的长期实践经验，意外情况的迹象和征兆可分为主观内在和客观外在两个方面。

1. 主观内在的征兆

在潜水员进行自由潜水活动时，发生意外风险前，潜水员往往会有一些不同寻常的感觉，即自身出现一些主观的迹象和征兆。常见的主观内在的迹象和征兆主要包括：①产生不寻常的舒适感，不想呼吸；②感觉身体在漂移；③强烈地需要空气；④肌肉出现沉重感发热感；⑤肌肉痉挛，出现麻痹感，四肢或肌肉有刺痛感；⑥感觉视觉模糊，眼前看到星星或眼前一片黑暗；⑦头晕，身体颤抖。

自由潜水员一旦感觉到这些迹象和征兆，必须引起高度的警觉，并且及时进行调整，如果超出自身能力而无法应对时，则须终止自由潜水活动或寻求潜伴帮助，否则，发生潜水风险的可能性极大。需要注意的是，自由潜水员发生意外风险的内在迹象和征兆往往因人而异，并不限于上述这些感觉。因此，只要自由潜水员出现不同寻常的自我感觉，就应引起重视。

2. 客观外在的征兆

在自由潜水活动中，担任安全观察任务的潜水员也可以觉察到潜伴在潜水过程中的一些异常表现，这些表现可称作客观外在的征兆。常见的客观外在的征兆主要包括：①没有遵守之前制订的计划；②在屏气末期突然加速踢动脚蹼；③在屏气末期速度减缓或停止前进，在水中某一深度停止不动或身体失去控制地往下降，眼睛无神；④嘴巴突然吐气泡（图 6–9）；⑤出现没有规律的颤抖、抽搐；⑥嘴唇变色，呈蓝紫色，脸色发白；⑦出水后，面对询问回答时口齿不清；⑧对外界的刺激无反应；⑨打出救援手势。

图 6–9　突然口吐气泡

当潜水员觉察到潜伴出现上述异常表现时，一定要高度警觉，并根据出现的异常征兆，采取救援行动，协助潜伴尽快上升出水。同样需要注意的是，自由潜水员出现可能导致发生意外风险的外在异常征兆不仅仅限于上述情形，因此，只要觉察到自由潜水员出现不同寻常的表现，就要引起足够的重视。

第二节　海洋环境保护

随着自由潜水运动的不断发展，自由潜水员身为潜入大海的先锋，可以看到他人看不到的水下世界，同样也可以发现海水污染、垃圾，以及海洋生物受到伤害等触目惊心的海底景象。因此，一名能够与海洋亲密接触的自由潜水员，必须有贯穿始终的环保理念；同时，要掌握一定的环境保护知识，养成环境保护意识，并切实行动起来，为保护海洋环境做出自己的一份贡献。

一、海洋面临的巨大危机

地球上海洋面积约占整个地球表面积的 71%，即三分陆地七分海洋。海洋中丰富的生物种类远超陆地，海洋生物占地球生物总量的 75% 以上。海洋对整个地球具有巨大的贡献，其中全球生物所需的蛋白质有 21% 来自海洋，大气中的氧气有 50% 来自海洋。海洋还具有调节全球气温、气候的重要功能，确保地球环境适宜人类居住。如果没有海洋,全球平均地表温度会上升到 50℃左右。因此，海洋是人类赖以生存的巨大资源宝库，人们称其为“海洋母亲”。可以毫不夸张地说，如果没有“海洋母亲”，就没有我们地球上所有生命的现在与未来。

在过去的很多年里，人们错误地认为海洋浩大无际，资源就像母亲对孩子的爱那样是无穷无尽的。但是，近年来全球气候变暖、珊瑚大面积白化、海水酸化等日趋严重，海洋正面临各种各样的生存危机。

（一）二氧化碳的过度排放

温室气体二氧化碳的过度排放是导致海洋危机的罪魁祸首。工业生产和现代化生活方式所产生的大量二氧化碳，都被排放到大气中。科学家长期跟踪探测的结果显示，在 2007 年，地球大气中的二氧化碳含量为 380ppm[①]，显著高于 20 世纪末期的含量值。然而，到 2019 年时，地球大气中的二氧化碳含量已经突破了 415ppm。也就是说，在短短的 12 年里，地球大气中的二氧化碳含量上升了 9.2%。如今，地球大气中的二氧化碳含量高于过去 80 万年中的任何时期，估计人类向地球大气排放的二氧化碳已经累计超过 5000 亿吨。一个形象的解释是，地球大气中的二氧化碳含量升高，就如同给地球穿的棉袄里面加入了更多的羊毛，导致地球大气的温度上升，全球气候才会变暖。

二氧化碳过度排放引起地球大气温度上升，更多热量会被转移、传递到海洋中，导致海洋温度升高；并且，大气中增多的二氧化碳也会被海水吸收，导致海洋水质酸化。“海洋温度升高”和“海洋水质酸化”这两个效应所呈现的叠加作用，会对海洋生态环境和海洋生物产生巨大的影响，进一步放大了“温室效应”对海洋生态系统的负面影响。

（二）海洋温度升高

随着地球大气温度上升，热量就会被转移、传递到海洋，最终大部分（约 93%）被海洋吸收和储存，使得海洋温度也不断上升。海洋温度上升导致的最直接的严重后果之一，就是海洋中大面积的“珊瑚白化”和死亡。如果说人在发烧时的体温比正常体温高 2℃，就会对人体的生理生化状态造成严重的影响，那么对于珊瑚来说，自然也是同样的道理。

珊瑚之所以呈现出五彩斑斓的美丽色彩，是由于它们跟一种被称为虫黄藻的

① 英语 parts per million 首字母缩写，意为百万分比浓度，对气体是指摩尔分数或体积分数。

海洋单细胞藻类有着共生关系。生活在珊瑚虫体内的虫黄藻是自养生物，通过光合作用为宿主珊瑚虫提供食物。作为回报，宿主珊瑚虫的钙质壳又会给虫黄藻提供保护。虫黄藻的叶绿素等光和色素具有丰富的色彩，是很多珊瑚的颜色来源，因而珊瑚呈现五彩斑斓的样子。所谓“珊瑚白化”，是由于海水温度升高，使处在高温环境中的珊瑚虫排斥体内的虫黄藻，终止两者之间的共生关系，失去虫黄藻的珊瑚则会因此而变成白色。白化的珊瑚会因为食物来源的消失而逐渐死去，其实白化并非意味着珊瑚已经死亡，白化的珊瑚只是体内的虫黄藻密度已经减少了 70%~90%。但是，如果白化的时间过长，虫黄藻不能及时回到宿主珊瑚虫体内，珊瑚的死亡便不可避免，最终只留下苍白的碳酸钙骨骼。

据历史记载，1997—1998 年间出现了第一次全球大规模的珊瑚白化现象；到 2010 年时，出现了第二次全球大规模的珊瑚白化现象；而到 2015 年，又出现了第三次全球大规模珊瑚白化现象。科学研究证明，如果全球大气平均温度升高 1.5℃，全球 70%~90% 的珊瑚就会死亡；如果全球大气平均温度升高 2℃，那么 99% 的珊瑚将灭绝。根据 1930 年到现在全球气温变化数据的平均值进行预测，人类留给珊瑚存活的时间就只剩下 25 年了！

与珊瑚的灭绝相伴随的将会是整个海洋生态系统的毁灭，没有了珊瑚，众多依赖珊瑚礁生存的海洋生物、哺乳动物、鸟类和植物，就会丧失其赖以生存的家园，逐渐走向灭绝，最终将导致整个地球生态系统的崩溃。到那时，我们面临的将是人类生存的问题，因此，全人类都应该紧急行动起来，共同关注和解决全球气候变暖问题，保护地球环境，关爱我们生存的家园。

（三）海洋水质酸化

地球大气中二氧化碳的浓度升高时，海水会吸收额外的二氧化碳，与海水结合后会形成碳酸，使得海水的 pH 值变小，海洋水质的酸度升高。

在正常情况下，海水应呈弱碱性。长期的科学研究表明，在工业革命之前，海洋表层水的 pH 值约为 8.2，而到了 2012 年，过量的二氧化碳排放已将海洋表层水的 pH 值降低了 0.1，这表明海水的酸度已经升高。按照目前人类排放二氧化碳的速度，预计到 2100 年海洋表层水的酸度将进一步升高，其 pH 值可能会下降到 7.8，到那时海水的酸度将比 1800 年高 150%。海水酸性的增加，改变了海水的化学平衡，多种海洋生物乃至生态系统将会面临巨大威胁。

海洋水质酸化最直接的后果是生态危害。科学研究表明，呈弱碱性的海水有利于珊瑚虫类、贝类、甲壳类、棘皮动物和钙化藻类等海洋生物利用海水中的碳酸盐离子形成碳酸钙外壳或骨架。如果海水的酸度升高，海水中的碳酸根离子就会减少，碳酸根离子减少，使这些钙化海洋生物失去了形成碳酸钙外壳或骨架的来源，从而破坏它们生长。此外，酸度升高的海水还会腐蚀这些钙化海洋生物的碳酸钙外壳或骨架，这将造成它们逐渐趋于灭绝，珊瑚礁逐渐消失的致命后果，最终导致以这类生物为食和依赖珊瑚礁生存的其他生物也受到致命的影响，整个海洋生物食物链遭到破坏。

显然，海水酸化造成的生态恶果也必然危及人类。在海水日趋酸化的情况下，钙化海洋生物会逐渐演化自身的生长模式来适应外界环境，它们会变得越来越小、外壳越来越厚，很多以它们为食的鱼类因失去食物来源而变得日益稀少甚至消失，这会对渔业和贝类、甲壳类养殖业造成很大的打击，其产量大幅下降，使以捕鱼和水产养殖为生的人群陷入严重危机。

此外，海洋水质酸化还具有进一步导致全球气候变暖的潜在风险。大气中的硫元素能够增强大气对辐射的反射率，从而降低地球表面温度。海洋生物排放是大气硫元素的最大天然来源，研究表明，海水酸度的升高会导致海洋生物对硫元素的排放降低。据科学家推算，到 2100 年，海洋生物对硫元素的排放将下降 18% 左右，这将引起大气对辐射的反射率显著降低，从而导致地球温度上升 0.23℃ ~0.48℃。

二、保护海洋

占地球表面积达 71% 的海洋，浩瀚无际，其宏伟博大的体量所蕴藏的自然资源仿佛是取之不尽用之不竭的，能够抵御任何外部环境的不良变化带来的危害。然而事实上，自 18 世纪工业革命以来，人类的生产生活排放、垃圾不当处理、过度捕捞等行为活动，已经使海洋遭受日趋严重的危害，珊瑚白化、珊瑚礁退化、海水酸化、海洋生物大量死亡、渔业生产大幅萎缩等现象不断出现，海洋环境持续恶化已经成为不争的残酷事实。因此，保护海洋已经成为人类刻不容缓的任务。海洋虽然很大，但仍然需要我们的呵护。目前全人类都应紧急行动起来，承担起保护海洋的责任，为每个生活在海洋中的生物，也为我们人类自己创造更美好的未来。

（一）保护珊瑚礁及其生态环境

珊瑚就像热带地区的雨林、寒带地区的原始森林一样，有 1/4 的海洋生物依赖珊瑚获取食物或将珊瑚作为栖息地和庇护所。不仅如此，还有众多的哺乳动物、鸟类和植物等也生活在珊瑚形成的珊瑚礁上。因此，珊瑚具有维持生物资源多样性和丰富性的不可替代的重要作用。此外珊瑚礁还具有保护海岸、净化空气、药用价值，以及吸引旅客观光旅游等重要功能。值得一提的是，全球海洋中珊瑚礁的面积不足海底总面积的 1%，而在地球总表面中所占的比例更是少之又少，但珊瑚礁在全球生态系统中却具有重要作用。如果失去了珊瑚礁，许多生物物种将会因失去赖以生存的家园而趋于灭绝。对于全球生态系统来说，生物的多样性和丰富性在于每种生物都很重要，各生物之间以不同方式为彼此的生存提供支持。其实，无论一个生物物种看似多么渺小，一旦灭绝，整个食物链就会遭到严重破坏。因此，海洋环境持续恶化不只是珊瑚礁的存亡，而是整个全球生态系统的破坏和地球生存环境的灾难性后果。到那时，人类失去的将是赖以生存的地球家园。

珊瑚礁的生长是一个非常缓慢的过程。科学研究证明，珊瑚礁每年只会生长大约 15cm，例如，著名的澳大利亚大堡礁是 2 万年积累的结果。也就是说，形成珊瑚礁需要数万年的日积月累，而破坏却只需短短的一瞬间。事实上，联合国环境规划署提供的数据表明，目前全世界已经有 11% 的珊瑚礁遭受灭顶之灾，有 16% 的珊瑚礁已不能发挥生态功能，还有 60% 的珊瑚礁正面临严重的威胁。在全球海洋环境持续恶化的今天，我们已经失去了很多珊瑚礁，现在是时候努力保护剩下的那些珊瑚礁了。尽管世界各地的机构和政府已经发出了关于保护珊瑚礁的大量倡议，旨在更好地保护珊瑚礁，恢复珊瑚礁生态环境，但是，如果没有人们的积极参与和协助，所有这些努力仍只是杯水车薪。

保护珊瑚礁及其生态环境要从推广绿色能源，改善能源结构，发展低碳经济着手。应该严格控制海洋污染源，减少陆源污染物的排放，同时加强保护珊瑚礁及其生态环境的宣传，提高公众环保意识，并通过加强对海洋渔业养殖和捕捞的管理、合理开发海洋生态旅游、严禁破坏性开采珊瑚礁等保护措施，全方位地保护珊瑚礁，促进珊瑚礁的自然修复，使其逐步恢复到正常的生态环境状态。

（二）对海洋酸化的研究和应对

对海洋水质酸化的科学研究始于20世纪中期。1956年，美国地球化学家洛根·罗维尔（Logan Lowell）领导的研究团队开始着手研究大工业时期排放的二氧化碳在未来的50年中将对地球产生怎样的气候效应。研究发现，随着全球大气中二氧化碳浓度的逐年升高，释放到大气中的二氧化碳不会全部被植物吸收，会有相当大一部分残留在大气中，且有大量的二氧化碳随着海洋与大气不断进行的气体交换最终被溶于海洋。

在洛根·罗维尔研究的基础上，2003年，"海洋酸化"这个术语第一次出现在英国著名科学杂志《自然》上。2005年，灾难突发事件专家詹姆斯·内休斯（James Neheus）研究发现，海洋在大约5500万年前曾经出现过一次生物灭绝事件，其罪魁祸首就是溶解到海水中的二氧化碳，估计总量达到45000亿吨，此后至少经过了10万年时间海洋才逐渐恢复正常。这项研究进一步阐明了海洋酸化潜在的威胁。2012年，美国和欧洲科学家发布了一项新的研究成果，证明在过去的两个世纪中，海洋吸收了人类排放的二氧化碳总量的30%，而目前，海洋仍在以每小时约100万吨的速度吸收着大气中的过量二氧化碳，为3亿年来最快的海洋酸化速度。

目前，海洋酸化被认为是全球第三大环境问题，它给海洋生物的生存带来极大挑战，进而影响人类的生活和居住环境。尤其令人担忧的是，海洋酸化危害基本上是不可逆的。虽然理论上说，我们可以向海洋中添加化学制剂用以中和多余的二氧化碳，但从实际操作上并不具有可行性。也就是说，消除海洋酸化的唯一有效途径只能是减少大气中二氧化碳含量，让海洋通过自我净化功能自然恢复。但是，科学研究指出，即使从现在开始人类完全停止二氧化碳的排放，要使海洋恢复到工业革命之前的酸度水平也至少需要数千年的时间。

2009年8月13日，来自26个国家的150多位科学家联合签署了《摩纳哥宣言》，呼吁世界各国将二氧化碳排放量稳定在安全范围内，尽快减少二氧化碳的全球排放量，以避免全球气候变暖及海洋酸化等问题。随后，欧美等发达国家开始研究遏制海洋酸化的对策，并采取了控制二氧化碳排放部分应对措施。我国也将进一步加强环境保护纳入国家发展战略，在"绿水青山就是金山银山"战略思想的指导下，制定了一系列加强环境保护政策和强有力的措施，并在2020年9月22日举行的联合国大会上向全世界庄严宣布，中国将提高国家自主贡献力度，采取更加有力的政策和措施，力争将二氧化碳排放于2030年前达到峰值，努力争取在2060年前实现碳中和。这充分体现了我国在全球重大环境保护问题上的大国担当，向全世界表明了我国控制二氧化碳排放、遏制海洋酸化、避免气候变暖的坚定决心和必胜信心。

（三）自由潜水员保护海洋的责任

改善已经受到严重危害的海洋环境绝非一日之功。正所谓，破坏只在刹那之间，而重生则是征程漫漫。对于自由潜水员来说，海洋是进行自由潜水活动的最佳场地，正是海洋的博大与深邃，造就了神奇异样、绚丽多彩的海底世界，其变化多端、精彩纷呈、宁静幽暗的特殊魅力，让自由潜水活动富有乐趣。

作为一名与海洋亲密接触的自由潜水员，热爱海洋是必须秉承的基本理念，保护海洋是义不容辞的重要责任。在海洋已经陷入环境危机的今天，自由潜水员应该主动承担起关爱海洋、保护海洋的责任和义务。为此，自由潜水员应当做到以下几点。

第一，不断强化自身的环保意识，从自我做起，重视所有的环保行为，崇尚低碳生活方式，积极参加海滩清理、海底清洁等保护海洋的活动，坚决支持政府针对保护海洋环境进行的相关条款立法。

第二，在保护海洋环境方面以身作则，树立环保形象，并为身边的人作榜样，督促大家共同关爱和保护海洋。

第三，积极参与海洋环保组织的各项活动，如关爱和保护海洋的宣传活动，呼吁公众关注海洋环境，利用社交媒体来提高人们关爱和保护海洋的意识。

同时，作为一名合格的自由潜水员，在参与自由潜水活动的过程中，还应注意以下几点：

第一，海洋生态系统已经非常脆弱，在海洋中潜水时，要尊重海洋生物，不追逐、骚扰、触摸和喂食，因为这些行为会为海洋生物带来压力，扰乱它们觅食、交配等正常生活状态，对当地的海洋生态造成破坏。

第二，不随意触碰珊瑚礁，脆弱的珊瑚礁很容易受到伤害，哪怕是轻微的触碰都有可能造成破坏，而成长却需要数十年的时间。

第三，在观察或拍摄海洋生物时，要以欣赏的态度接近它们，当需要与它们进行互动时，要考虑是否会对它们的自然生活习性和行为模式产生影响。

第四，如果在自由潜水中进行狩猎捕鱼活动，务必严格遵守相关法律法规，事先取得允许狩猎捕鱼执照，并适量控制捕猎量，过度捕猎将导致物种减少，破坏当地海洋生物的繁殖与生存，伤害海底生态系统。另外，在用餐时慎重选择海鲜，确保选择的是普遍可持续取得的海鲜品种。

第五，海洋中几乎所有的东西都是有生命的，即使再渺小，也有可能对海洋生态环境产生重要作用。潜水员随手带走一个珊瑚、贝壳或其他海洋生物，很可能就破坏了微妙的海洋生态平衡。因此，在进行自由潜水活动时，潜水员要坚持保留海底“原貌”，带走的只有照片和回忆。

第六，在潜水过程中，随时注意观察周围环境，防止身体或装备（尤其是长脚蹼）碰触珊瑚、贝类等海洋生物，这需要潜水员具备良好的潜水技能，能够在水下自主地控制自己的行动。

第七，绝不购买用珊瑚、贝壳等海洋生物制作的纪念品。

第八，每年都有因人类活动产生的大量废弃物被排入海洋，形成数量非常惊人的海洋垃圾。这些海洋垃圾直接导致海洋生态环境恶化，摧毁海洋生物的栖息地，造成海洋生物大量死亡。因此，自由潜水员在进行潜水活动时，要在力所能及的情况下随手捡拾海洋垃圾，清除这些不属于海洋的东西。

第九，作为与海洋亲密接触的自由潜水员，有责任和义务监督潜水环境，如果发现潜水环境受到破坏或污染，海洋生物发生异常和减少，应立即向当地政府主管部门报告，并积极协助和参与相关的海洋环保调查活动。

我们身处和平发展的年代之中，也许感觉不到任何外在的危机。但事实上，全球气候变暖导致的极端天气、海洋环境恶化等重大环境危机已经日趋严重，由此引发的各种自然灾害使我们遭受重大损失，如果任由环境危机肆意扩大，将造成人类难以应对的可怕的灾难性后果，最终毁灭的是我们人类自己。可以说，目前的全球环境危机不亚于又一次“世界大战”，而且是我们人类自己跟自己的战争。因此，我们每一个人都必须马上行动起来，重视环保问题，将环保理念落实到具体的环保行动之中，并融入我们的日常生活之中，共同努力应对环境破坏危机，保护和关爱海洋，保护我们人类赖以生存的家园。

本章复习思考题

1. 自由潜水风险类别有哪些?
2. 自由潜水时身体机能风险包括哪些类型?
3. 自由潜水时环境伤害风险包括哪些类型?
4. 制订自由潜水计划时应该考虑哪些因素?
5. 潜伴制度应遵循的原则有哪些?
6. 潜伴之间的协作具体要求有哪些?
7. 自由潜水时可能发生意外的主观内在的征兆有哪些?
8. 自由潜水时可能发生意外的客观外在的征兆有哪些?
9. 目前海洋环境面临着哪些危机?
10. 作为一名合格的自由潜水员应该如何保护海洋环境?

>>> REFERENCES

主要参考资料

[1]Umberto Pelizzari, Stefano Tovaglieri. Mannual of Freediving, Underwater on a single breath–Second Edition [M]. Idelson–Gnocchi Publishers Ltd, Inc, 2016.

[2]Umberto Pelizzari, Federico Mana, Roberto Chiozzotto. Dry Training for freediving, Analysis and management of physical preparation [M]. Idelson–Gnocchi Publishers Ltd,Inc, 2015.

[3]Federico Mana. Equalization for freediving [M]. Grafiche del liri srl, 2014.

[4]Yannis Detorakis. Freediving The physiology, A complete guide for the 3 levels of freediving [M]. Createspace Independent Publishing Platform，2017.

[5]CMAS, CMAS Apnea Diver Courses Standards & outlines–2021 [S]. https://www.cmas.org/technique/cmas–international–diver–training–standards–alphabetical–order.

[6]黄希庭，张力为，毛志雄 . 运动心理学 [M]. 上海：华东师范大学出版社，2018.

[7]徐伟刚 . 潜水医学 [M]. 北京：科学出版社，2018.

[8]程华，章晓霜 . 潜水医学 [M]. 北京：人民体育出版社，2017.

[9]孙忠利，袁东 . 潜水运动基础 [M]. 北京：人民体育出版社，2018.

[10]程华，章晓霜，王萍 . 潜水生理学概要 [M]. 北京：人民体育出版社，2021.